公益財団法人 日本漢字能力検定協会

これでなっとく！

漢検 **クイック スタディ**

2級

JN092709

漢検 公益財団法人 日本漢字能力検定協会

もくじ

3章 ▶▶▶

巻末付録　　　　　　　巻末付録は、後ろから開きます。

本書の特長と使い方

検定データの分析から生まれた1冊

　公益財団法人 日本漢字能力検定協会が保有する **「漢検」®** **のデータを分析した結果**をもとに編集しました。特に、実際に×になった答案の傾向を分析し、**間違いやすい語や、誤りの多い字**を、重点的に解説しました。

●出題分野名
「漢検」での出題分野名に則しています。

●自己採点記入欄
チェックボックスと同じく、2回分あります。

●設問文
設問文をよく読んで、指示に従って解答しましょう。

書き取り⑤

次の――線の**カタカナ**を漢字に直せ。

☐☐ 1 <u>シット</u>の気持ちをこらえて祝福する。　[　　]

☐☐ 2 因習の<u>ジュバク</u>から解放される。　[　　]

☐☐ 3 <u>ジンゾウ</u>に炎症があると診断された。　[　　]

☐☐ 4 <u>カクセイ</u>剤を厳しく取り締まる。　[　　]

☐☐ 5 <u>セキツイ</u>を痛めて病院へ行く。　[　　]

☐☐ 6 <u>ヨイヤミ</u>が迫り、家路を急ぐ。　[　　]

☐☐ 7 山中で<u>ワ</u>き水を発見した。　[　　]

☐☐ 8 <u>サルシバイ</u>を見せられ閉口する。　[　　]

☐☐ 9 どこからか<u>サワ</u>やかな風が吹いてきた。　[　　]

☐☐ 10 <u>ギ</u>を見てせざるは勇無きなり。　[　　]

●問題
よく読んで解答しましょう。

●チェックボックス
2回分あります。
できた問題にチェックする、できなかった問題にチェックする……など、自分の学ぶスタイルに合わせて使ってください。

- ●本書は、「日本漢字能力検定（漢検）」の2級合格を目指した問題集です。
- ●持ち運びに便利なコンパクトサイズで、いつでもどこでも、すきま時間に効率よく学ぶことができます。

● 解説
語の意味のほか、漢字の意味や部首など、学習に役立つ解説を掲載しています。

【解説中にあるアイコンの意味】
対……対義語
類……類義語
語例…解答の漢字を含む別の語
✎……問題を理解するのに役立つポイントをまとめました。

よく
ある✕……よくある誤答例や、間違いやすいポイントを解説しました。特に「書き取り」分野の問題では、点画の誤りを、具体的に画像を使って説明しました。

間違いのある字　　正しい字

	1回目 /10問	2回目 /10問	▶▶▶ 1章 ▶▶▶ 2章 ▶▶▶ 3章

標準解答　　　　解説

1 ［ 嫉妬 ］ 嫉妬：自分よりすぐれていたり恵まれていたりする者を、うらやみねたむこと。

2 ［ 呪縛 ］ 呪縛：心理的に制限して自由を奪うこと。
よくある✕ 縛に注意。13画目の点が欠けている誤答が多いので、注意しよう。

3 ［ 腎臓 ］ 腎臓：尿の排せつをつかさどる器官。
よくある✕ 腎臓…腎と混同した誤答が多い。下部分の形をよく確認しよう。

● 標準解答
赤シートで答えを隠して、繰り返し学習しましょう。

『これでなっとく！
漢検　クイックスタディ』
スペシャルウェブサイト

学びを支えるコンテンツをご利用いただけます。詳細は、p.326（巻末11）をご覧ください。

【付録】赤シート
赤シートを重ねると、赤字になっている部分を隠すことができます。

107

5

「漢検」級別　主な出題内容

10級　…対象漢字数 80字
漢字の読み／漢字の書取／筆順・画数

9級　…対象漢字数 240字
漢字の読み／漢字の書取／筆順・画数

8級　…対象漢字数 440字
漢字の読み／漢字の書取／部首・部首名／筆順・画数／送り仮名／対義語／同じ漢字の読み

7級　…対象漢字数 642字
漢字の読み／漢字の書取／部首・部首名／筆順・画数／送り仮名／対義語／同音異字／三字熟語

6級　…対象漢字数 835字
漢字の読み／漢字の書取／部首・部首名／筆順・画数／送り仮名／対義語・類義語／同音・同訓異字／三字熟語／熟語の構成

5級　…対象漢字数 1026字
漢字の読み／漢字の書取／部首・部首名／筆順・画数／送り仮名／対義語・類義語／同音・同訓異字／誤字訂正／四字熟語／熟語の構成

4級　…対象漢字数 1339字
漢字の読み／漢字の書取／部首・部首名／送り仮名／対義語・類義語／同音・同訓異字／誤字訂正／四字熟語／熟語の構成

3級　…対象漢字数 1623字
漢字の読み／漢字の書取／部首・部首名／送り仮名／対義語・類義語／同音・同訓異字／誤字訂正／四字熟語／熟語の構成

準2級　…対象漢字数 1951字
漢字の読み／漢字の書取／部首・部首名／送り仮名／対義語・類義語／同音・同訓異字／誤字訂正／四字熟語／熟語の構成

2級　…対象漢字数 2136字
漢字の読み／漢字の書取／部首・部首名／送り仮名／対義語・類義語／同音・同訓異字／誤字訂正／四字熟語／熟語の構成

準1級　…対象漢字数 約3000字
漢字の読み／漢字の書取／故事・諺／対義語・類義語／同音・同訓異字／誤字訂正／四字熟語

1級　…対象漢字数 約6000字
漢字の読み／漢字の書取／故事・諺／対義語・類義語／同音・同訓異字／誤字訂正／四字熟語

※ここに示したのは出題分野の一例です。毎回すべての分野から出題されるとは限りません。また、このほかの分野から出題されることもあります。

日本漢字能力検定採点基準

最終改定：平成25年4月1日

❶採点の対象

筆画を正しく、明確に書かれた字を採点の対象とし、くずした字や、乱雑に書かれた字は採点の対象外とする。

❷字種・字体

① 2～10級の解答は、内閣告示「常用漢字表」（平成二十二年）による。ただし、旧字体での解答は正答とは認めない。

② 1級および準1級の解答は、『漢検要覧 1／準1級対応』（公益財団法人日本漢字能力検定協会発行）に示す「標準字体」「許容字体」「旧字体一覧表」による。

❸読み

① 2～10級の解答は、内閣告示「常用漢字表」（平成二十二年）による。

② 1級および準1級の解答には、①の規定は適用しない。

❹仮名遣い

仮名遣いは、内閣告示「現代仮名遣い」による。

❺送り仮名

送り仮名は、内閣告示「送り仮名の付け方」による。

❻部首

部首は、『漢検要覧 2～10級対応』（公益財団法人日本漢字能力検定協会発行）収録の「部首一覧表と部首別の常用漢字」による。

❼筆順

筆順の原則は、文部省編『筆順指導の手びき』（昭和三十三年）による。常用漢字一字一字の筆順は、『漢検要覧 2～10級対応』収録の「常用漢字の筆順一覧」による。

❽合格基準

級	満点	合格
1級／準1級／2級	200点	80%程度
準2級／3級／4級／5級／6級／7級	200点	70%程度
8級／9級／10級	150点	80%程度

※部首、筆順は『漢検 漢字学習ステップ』など公益財団法人日本漢字能力検定協会発行図書でも参照できます。

日本漢字能力検定審査基準

4級

程度

常用漢字のうち約1300字を理解し、文章の中で適切に使える。

領域・内容

《読むことと書くこと》

小学校学年別漢字配当表のすべての漢字と、その他の常用漢字約300字の読み書きを習得し、文章の中で適切に使える。

- ・音読みと訓読みとを正しく理解していること
- ・送り仮名や仮名遣いに注意して正しく書けること
- ・熟語の構成を正しく理解していること
- ・熟字訓、当て字を理解していること（小豆／あずき、土産／みやげ　など）
- ・対義語、類義語、同音・同訓異字を正しく理解していること

《四字熟語》

四字熟語を理解している。

《部首》

部首を識別し、漢字の構成と意味を理解している。

3級

程度

常用漢字のうち約1600字を理解し、文章の中で適切に使える。

領域・内容

《読むことと書くこと》

小学校学年別漢字配当表のすべての漢字と、その他の常用漢字約600字の読み書きを習得し、文章の中で適切に使える。

- ・音読みと訓読みとを正しく理解していること
- ・送り仮名や仮名遣いに注意して正しく書けること
- ・熟語の構成を正しく理解していること
- ・熟字訓、当て字を理解していること（乙女／おとめ、風邪／かぜ　など）
- ・対義語、類義語、同音・同訓異字を正しく理解していること

《四字熟語》

四字熟語を理解している。

《部首》

部首を識別し、漢字の構成と意味を理解している。

準2級

程度
常用漢字のうち1951字を理解し、文章の中で適切に使える。

領域・内容
《読むことと書くこと》
1951字の漢字の読み書きを習得し、文章の中で適切に使える。
- ・音読みと訓読みとを正しく理解していること
- ・送り仮名や仮名遣いに注意して正しく書けること
- ・熟語の構成を正しく理解していること
- ・熟字訓、当て字を理解していること（硫黄／いおう、相撲／すもう など）
- ・対義語、類義語、同音・同訓異字を正しく理解していること

《四字熟語》
典拠のある四字熟語を理解している（驚天動地、孤立無援 など）。

《部首》
部首を識別し、漢字の構成と意味を理解している。

※1951字とは、昭和56年（1981年）10月1日付内閣告示による旧「常用漢字表」の1945字から「勺」「錘」「銑」「脹」「匁」の5字を除いたものに、現行の「常用漢字表」のうち、「茨」「媛」「岡」「熊」「埼」「鹿」「栃」「奈」「梨」「阪」「阜」の11字を加えたものを指す。

2級

程度
すべての常用漢字を理解し、文章の中で適切に使える。

領域・内容
《読むことと書くこと》
すべての常用漢字の読み書きに習熟し、文章の中で適切に使える。
- ・音読みと訓読みとを正しく理解していること
- ・送り仮名や仮名遣いに注意して正しく書けること
- ・熟語の構成を正しく理解していること
- ・熟字訓、当て字を理解していること（海女／あま、玄人／くろうと など）
- ・対義語、類義語、同音・同訓異字などを正しく理解していること

《四字熟語》
典拠のある四字熟語を理解している（鶏口牛後、呉越同舟 など）。

《部首》
部首を識別し、漢字の構成と意味を理解している。

次の——線の**漢字の読み**を**ひらがな**で記せ。

☐☐ 1 介護施設に車椅子を寄付する。 〔　　　〕

☐☐ 2 明日の試験のことを考えると憂鬱だ。〔　　　〕

☐☐ 3 語彙を増やして豊かな表現をする。 〔　　　〕

☐☐ 4 病院で咽頭炎と診断された。 〔　　　〕

☐☐ 5 鋭敏な嗅覚を持っている。 〔　　　〕

☐☐ 6 こぼれた水を雑巾で拭き取る。 〔　　　〕

☐☐ 7 個人的なことを詮索される。 〔　　　〕

☐☐ 8 長唄の教室に通っている。 〔　　　〕

☐☐ 9 春の嵐のせいで、桜が散ってしまった。 〔　　　〕

☐☐ 10 軒先に渋柿がつるされている。 〔　　　〕

標準解答	解　説

1 [くるまいす]　車椅子：腰をかけたまま移動できるように、椅子に車輪をつけたもの。

2 [ゆううつ]　憂鬱：気分が沈んで心の晴れないこと。

3 [ごい]　語彙：ある範囲で用いる語全体。

4 [いんとう]　咽頭：くちの奥、のどの上部にあたる。

5 [きゅうかく]　嗅覚：においに対する感覚。視・聴・嗅・味・触の五感の一つ。

6 [ぞうきん]　雑巾：よごれた物や場所を拭くための布。

7 [せんさく]　詮索：細かいことまで調べ求めること。

8 [ながうた]　長唄：歌舞伎の伴奏曲から発展した三味線音楽。

9 [あらし]　嵐：激しく吹く風。暴風雨。

10 [しぶがき]　渋柿：熟して赤くなっても、渋味の強い種類の柿。

読み

部首

熟語の構成

四字熟語

対義語・類義語

同音・同訓異字

誤字訂正

送りがな

書き取り

読み②

次の——線の**漢字の読み**を**ひらがな**で記せ。

☐☐ 1 <u>氾濫</u>する情報に惑わされる。　［　　　］

☐☐ 2 土産として有名な<u>煎餅</u>を買う。　［　　　］

☐☐ 3 何事も基本が<u>肝腎</u>である。　［　　　］

☐☐ 4 強風で船は大きく<u>右舷</u>に傾いた。　［　　　］

☐☐ 5 娘の結婚で<u>姻戚</u>関係となった。　［　　　］

☐☐ 6 数種類の<u>乾麺</u>を常備している。　［　　　］

☐☐ 7 お気に入りの<u>便箋</u>に手紙を書く。　［　　　］

☐☐ 8 事件の<u>鍵</u>を握っているのは、あの男だ。　［　　　］

☐☐ 9 胸を張って<u>大股</u>で歩く。　［　　　］

☐☐ 10 風邪をひいて<u>喉</u>が痛い。　［　　　］

標準解答	解説

1 [はんらん]　氾濫：ものが多く出回って、好ましくない状態。

2 [せんべい]　煎餅：米粉や小麦粉などを練り、薄くのばして焼いたもの。

3 [かんじん]　肝腎：とりわけ大切なこと。

4 [うげん]　右舷：船尾から船首に向かって右のふなばた。

5 [いんせき]　姻戚：結婚によって新たにできた親類。

6 [かんめん]　乾麺：干して固くした麺類。

7 [びんせん]　便箋：手紙を書くために用いる紙。

8 [かぎ]　鍵：物事を解決するための重要ないとぐち。

9 [おおまた]　大股：一歩の幅が広いこと。

10 [のど]　喉：くちの奥の、食道と気管に分かれる辺りから声帯の辺りまでの部分。

読み

部首

熟語の構成

四字熟語

対義語・類義語

同音・同訓異字

誤字訂正

送りがな

書き取り

13

読み③

次の——線の**漢字の読み**を**ひらがな**で記せ。

□ 1 風評で名誉が毀損される。 [   ]

□ 2 朝には爽涼な秋風が吹いていた。 [   ]

□ 3 党の方針について詮議する。 [   ]

□ 4 赤ん坊が哺乳瓶に吸いつく。 [   ]

□ 5 出家して僧侶となる。 [   ]

□ 6 鬱屈した気分を紛らす。 [   ]

□ 7 人目を引く容貌をしている。 [   ]

□ 8 旬の食材を使った釜飯に舌鼓を打つ。[   ]

□ 9 病気で痩せてしまった。 [   ]

□10 手頃なサイズの弁当箱を探している。[   ]

標準解答　　　　　　解　説

1 [きそん]　毀損：物や信用・価値などをきずつけそこなうこと。

2 [そうりょう]　爽涼：さわやかで涼しいこと。
あるⓍ せいりょう…「せいりょう」と読むのは「清涼」。

3 [せんぎ]　詮議：人々が集まり、話し合って物事を明らかにすること。

4 [ほにゅう]　哺乳：乳を飲ませること。

5 [そうりょ]　僧侶：出家して仏門に入った人。

6 [うっくつ]　鬱屈：心がふさぎ、晴れ晴れしないこと。

7 [ようぼう]　容貌：顔かたち。

8 [かまめし]　釜飯：一人分の小さな釜の中に米と具を一緒に入れ、下味をつけて炊きこんだごはん。

9 [や]　痩せる：人や動物の体の肉が落ちて細くなる。

10 [てごろ]　手頃：大きさや重さがちょうどよいさま。

読み

部首

熟語の構成

四字熟語

対義語・類義語

同音・同訓異字

誤字訂正

送りがな

書き取り

読み④

次の——線の**漢字の読み**を**ひらがな**で記せ。

☐☐ 1 <u>処方箋</u>を持って薬局へ行く。　　　　〔　　　〕

☐☐ 2 臆病者だと<u>嘲笑</u>され、腹を立てる。　〔　　　〕

☐☐ 3 悪の<u>巣窟</u>を一斉に捜索する。　　　　〔　　　〕

☐☐ 4 <u>滑稽</u>な身振り手振りで踊る。　　　　〔　　　〕

☐☐ 5 我が家では毎朝<u>煎茶</u>を飲む。　　　　〔　　　〕

☐☐ 6 寝る前にゆっくりと<u>風呂</u>に入る。　　〔　　　〕

☐☐ 7 僕の顔は<u>曽祖父</u>によく似ている。　　〔　　　〕

☐☐ 8 甘い<u>匂</u>いが漂ってくる。　　　　　　〔　　　〕

☐☐ 9 <u>鏡餅</u>を飾って正月の準備をする。　　〔　　　〕

☐☐10 己の運命を<u>呪</u>うしかなかった。　　　〔　　　〕

標準解答　　　　　解　説

1 [しょほうせん] 処方箋：医師が患者に投与する薬を記した書類。

2 [ちょうしょう] 嘲笑：あざけり笑うこと。

3 [そうくつ] 巣窟：悪人などが隠れ住む場所。
よる✕ すくつ
語例 病巣

4 [こっけい] 滑稽：おもしろおかしいさま。

5 [せんちゃ] 煎茶：茶葉に湯をそそぎ、香りと味を出した飲み物。また、その茶葉。

6 [ふろ] 風呂：体を湯に浸したり蒸気に当てたりしてあたため、洗って清潔にする場所。

7 [そうそふ] 曽祖父：ひいおじいさん。

8 [にお] 匂い：そのものから漂ってきて、鼻で感じられる刺激。

9 [かがみもち] 鏡餅：神仏に供える、平たく丸い大小の餅を重ねたもの。

10 [のろ] 呪う：強く恨む。
よる✕ のろう…送りがなまで書いている誤答が多い。――線部分をよく確認しよう。

読み

部首

熟語の構成

四字熟語

対義語・類義語

同音・同訓異字

誤字訂正

送りがな

書き取り

17

次の――線の**漢字の読み**を**ひらがな**で記せ。

☐☐ 1　<u>唾棄</u>すべき連中が幅を利かせている。　[　　　]

☐☐ 2　一位と二位とは<u>僅少</u>の差だった。　[　　　]

☐☐ 3　道路の<u>勾配</u>を測定する。　[　　　]

☐☐ 4　熱を下げる<u>頓服</u>薬を飲んだ。　[　　　]

☐☐ 5　彼女のドレスは美しい<u>瑠璃</u>色だった。　[　　　]

☐☐ 6　勢力争いは<u>苛烈</u>を極めた。　[　　　]

☐☐ 7　<u>巧緻</u>なパズルを組み立てる。　[　　　]

☐☐ 8　<u>誰</u>とはなしに、皆その場から立ち去った。　[　　　]

☐☐ 9　封筒に切手を<u>貼</u>る。　[　　　]

☐☐10　かなわない夢だが<u>諦</u>めがつかない。　[　　　]

| 標準解答 | | 解 説 |

1 [だき] 唾棄：軽蔑して嫌うこと。

2 [きんしょう] 僅少：ほんの少し。
誤答✕ きんさ…「きんさ」と読むのは「僅差」。意味は「ごくわずかな差」。

3 [こうばい] 勾配：傾斜の度合い。

4 [とんぷく] 頓服：薬を一日に何回と分けるのではなく、必要なときに一回だけ飲むこと。

5 [るり] 瑠璃色：紫がかった美しい青色。
誤答✕ るりいろ…不要な部分まで書いている誤答が多い。——線部分をよく確認しよう。

6 [かれつ] 苛烈：きびしくはげしいこと。

7 [こうち] 巧緻：たくみで細かいこと。

8 [だれ] 誰：素性のわからない人をさす語。

9 [は] 貼る：のりなどでつける。

10 [あきら] 諦め：断念すること。
誤答✕ あきらめ…送りがなまで書いている誤答が多い。——線部分をよく確認しよう。

部首①

次の漢字の**部首**を記せ。
〈例〉菜 〔 艹 〕 間 〔 門 〕

□□ 1 窟 〔   〕

□□ 2 顎 〔   〕

□□ 3 貪 〔   〕

□□ 4 訃 〔   〕

□□ 5 拳 〔   〕

□□ 6 曽 〔   〕

□□ 7 骸 〔   〕

□□ 8 崖 〔   〕

□□ 9 毀 〔   〕

□□ 10 刃 〔   〕

標準解答	解 説

1 [穴]
部首(部首名) 穴（あなかんむり）
✐ 穴の漢字例：窮、窃、窒　など
よくあるX 宀（うかんむり）ではない。

2 [頁]
部首(部首名) 頁（おおがい）
✐ 頁の漢字例：頑、頻、項　など
よくあるX 口（くち）ではない。

3 [貝]
部首(部首名) 貝（かい・こがい）
✐ 貝の漢字例：貢、貞、貫　など

4 [言]
部首(部首名) 言（ごんべん）
✐ 言の漢字例：謎、誰、詮　など
よくあるX 卜（と・うらない）ではない。

5 [手]
部首(部首名) 手（て）
✐ 手の漢字例：摯、摩、掌　など

6 [曰]
部首(部首名) 曰（ひらび・いわく）
✐ 曰の漢字例：曹、替、冒　など
よくあるX 田（た）ではない。

7 [骨]
部首(部首名) 骨（ほねへん）
✐ 骨の漢字例：髄

8 [山]
部首(部首名) 山（やま）
✐ 山の漢字例：嵐、崇、岳　など

9 [殳]
部首(部首名) 殳（るまた・ほこづくり）
✐ 殳の漢字例：穀、段、殿　など

10 [刀]
部首(部首名) 刀（かたな）
✐ 刀の漢字例：券、初、切　など

読み
部首
熟語の構成
四字熟語
対義語・類義語
同音・同訓異字
誤字訂正
送りがな
書き取り

※辞典や参考書により、部首や部首名の表記が異なる場合がありますが、「漢検」では定められた
　部首・部首名で解答する必要があります。採点基準は巻頭ページをご覧ください。

21

部首②

次の漢字の**部首**を記せ。
〈例〉菜 〔 艹 〕 間 〔 門 〕

☐☐ 1　磨　　　　　　　　　　〔　　　〕

☐☐ 2　累　　　　　　　　　　〔　　　〕

☐☐ 3　暮　　　　　　　　　　〔　　　〕

☐☐ 4　凹　　　　　　　　　　〔　　　〕

☐☐ 5　頃　　　　　　　　　　〔　　　〕

☐☐ 6　寧　　　　　　　　　　〔　　　〕

☐☐ 7　尿　　　　　　　　　　〔　　　〕

☐☐ 8　魂　　　　　　　　　　〔　　　〕

☐☐ 9　嗣　　　　　　　　　　〔　　　〕

☐☐ 10　版　　　　　　　　　　〔　　　〕

| 標準解答 | 解　説 |

1 [石]
部首（部首名）石（いし）
✎ 石の漢字例：碁、石
ある✕ 广（まだれ）ではない。

2 [糸]
部首（部首名）糸（いと）
✎ 糸の漢字例：繭、索、緊　など
ある✕ 田（た）ではない。

3 [日]
部首（部首名）日（ひ）
✎ 日の漢字例：昆、暫、昇　など
ある✕ 艹（くさかんむり）ではない。

4 [凵]
部首（部首名）凵（うけばこ）
✎ 凵の漢字例：凶、出　など

5 [頁]
部首（部首名）頁（おおがい）
✎ 頁の漢字例：頑、頻、項　など
ある✕ ヒ（ひ）ではない。

6 [宀]
部首（部首名）宀（うかんむり）
✎ 宀の漢字例：宛、寛、宵　など

7 [尸]
部首（部首名）尸（かばね・しかばね）
✎ 尸の漢字例：尻、尼、履　など
ある✕ 水（みず）ではない。

8 [鬼]
部首（部首名）鬼（おに）
✎ 鬼の漢字例：魔、鬼

9 [口]
部首（部首名）口（くち）
✎ 口の漢字例：哀、吉、否　など

10 [片]
部首（部首名）片（かたへん）
✎ 常用漢字で片を部首とする漢字は版のみ。

読み／部首／熟語の構成／四字熟語／対義語・類義語／同音・同訓異字／誤字訂正／送りがな／書き取り

部首③

次の漢字の**部首**を記せ。
〈例〉菜 〔　⺾　〕 間 〔　門　〕

☐☐ 1　殉　　　　　　　　　　〔　　　〕

☐☐ 2　旦　　　　　　　　　　〔　　　〕

☐☐ 3　栽　　　　　　　　　　〔　　　〕

☐☐ 4　徹　　　　　　　　　　〔　　　〕

☐☐ 5　頓　　　　　　　　　　〔　　　〕

☐☐ 6　薫　　　　　　　　　　〔　　　〕

☐☐ 7　克　　　　　　　　　　〔　　　〕

☐☐ 8　妥　　　　　　　　　　〔　　　〕

☐☐ 9　斉　　　　　　　　　　〔　　　〕

☐☐ 10　唯　　　　　　　　　　〔　　　〕

（標準解答）　　　　（解　説）

1 [歹]
部首(部首名) 歹（かばねへん・いちたへん・がつへん）
🖊 歹の漢字例：殊、殖、残　など

2 [日]
部首(部首名) 日（ひ）
🖊 日の漢字例：昆、暫、昇　など
よくある🗙 一（いち）ではない。

3 [木]
部首(部首名) 木（き）
🖊 木の漢字例：麓、架、棄　など
よくある🗙 戈（ほこづくり・ほこがまえ）ではない。

4 [彳]
部首(部首名) 彳（ぎょうにんべん）
🖊 彳の漢字例：循、徐、征　など
よくある🗙 攵（のぶん・ぼくづくり）ではない。

5 [頁]
部首(部首名) 頁（おおがい）
🖊 頁の漢字例：頬、頻、項　など

6 [艹]
部首(部首名) 艹（くさかんむり）
🖊 艹の漢字例：芯、葛、苛　など
よくある🗙 灬（れんが・れっか）ではない。

7 [儿]
部首(部首名) 儿（ひとあし・にんにょう）
🖊 儿の漢字例：免、党、児　など
よくある🗙 十（じゅう）ではない。

8 [女]
部首(部首名) 女（おんな）
🖊 女の漢字例：妄、婆、姿　など
よくある🗙 爫（つめかんむり・つめがしら）ではない。

9 [斉]
部首(部首名) 斉（せい）
🖊 斉の漢字例：斎
よくある🗙 文（ぶん）ではない。

10 [口]
部首(部首名) 口（くちへん）
🖊 口の漢字例：咽、呪、嘲　など
よくある🗙 隹（ふるとり）ではない。

読み
部首
熟語の構成
四字熟語
対義語・類義語
同音・同訓異字
誤字訂正
送りがな
書き取り

25

部首④

次の漢字の**部首**を記せ。
〈例〉菜 〔 ⺾ 〕 間 〔 門 〕

☐☐ 1 弊 〔　　　〕

☐☐ 2 衰 〔　　　〕

☐☐ 3 奔 〔　　　〕

☐☐ 4 恭 〔　　　〕

☐☐ 5 虞 〔　　　〕

☐☐ 6 須 〔　　　〕

☐☐ 7 爵 〔　　　〕

☐☐ 8 泰 〔　　　〕

☐☐ 9 耗 〔　　　〕

☐☐ 10 畝 〔　　　〕

標準解答 | 解説

読み

部首

熟語の構成

四字熟語

対義語・類義語

同音・同訓異字

誤字訂正

送りがな

書き取り

1 [廾]

部首(部首名) 廾(こまぬき・にじゅうあし)
✎ 廾の漢字例：弄、弁
⚠× 攵（のぶん・ぼくづくり）ではない。

2 [衣]

部首(部首名) 衣（ころも）
✎ 衣の漢字例：袋、裂、襲 など

3 [大]

部首(部首名) 大（だい）
✎ 大の漢字例：爽、奨、契 など
⚠× 廾（こまぬき・にじゅうあし）ではない。

4 [小]

部首(部首名) 小（したごころ）
✎ 小の漢字例：慕

5 [虍]

部首(部首名) 虍（とらがしら・とらかんむり）
✎ 虍の漢字例：虐、虚 など

6 [頁]

部首(部首名) 頁（おおがい）
✎ 頁の漢字例：煩、頻、項 など
⚠× 彡（さんづくり）ではない。

7 [爫]

部首(部首名) 爫（つめかんむり・つめがしら）
✎ 常用漢字で爫を部首とする漢字は爵のみ。

8 [氺]

部首(部首名) 氺（したみず）
✎ 常用漢字で氺を部首とする漢字は泰のみ。

9 [耒]

部首(部首名) 耒（すきへん・らいすき）
✎ 耒の漢字例：耕
⚠× 毛（け）ではない。

10 [田]

部首(部首名) 田（た）
✎ 田の漢字例：畏、畿、畜 など

部首⑤

次の漢字の**部首**を記せ。
〈例〉菜〔 艹 〕間〔 門 〕

□□ 1 我　　　　　　　　　〔　　　〕

□□ 2 乏　　　　　　　　　〔　　　〕

□□ 3 瓶　　　　　　　　　〔　　　〕

□□ 4 戻　　　　　　　　　〔　　　〕

□□ 5 軟　　　　　　　　　〔　　　〕

□□ 6 升　　　　　　　　　〔　　　〕

□□ 7 亭　　　　　　　　　〔　　　〕

□□ 8 亜　　　　　　　　　〔　　　〕

□□ 9 艶　　　　　　　　　〔　　　〕

□□ 10 韻　　　　　　　　　〔　　　〕

標準解答 / 解 説

1 [戈]
部首(部首名) 戈（ほこづくり・ほこがまえ）
✎ 戈の漢字例：成、戒、戯 など

2 [ノ]
部首(部首名) ノ（の・はらいぼう）
✎ ノの漢字例：久、乗

3 [瓦]
部首(部首名) 瓦（かわら）
✎ 瓦の漢字例：瓦

4 [戸]
部首(部首名) 戸（とだれ・とかんむり）
✎ 戸の漢字例：扉、房、扇
よく× 大（だい）ではない。

5 [車]
部首(部首名) 車（くるまへん）
✎ 車の漢字例：轄、軌、軸 など
よく× 欠（あくび・かける）ではない。

6 [十]
部首(部首名) 十（じゅう）
✎ 十の漢字例：卓、協、博 など

7 [亠]
部首(部首名) 亠（なべぶた・けいさんかんむり）
✎ 亠の漢字例：享、亡、交 など

8 [二]
部首(部首名) 二（に）
✎ 二の漢字例：互、井、五 など

9 [色]
部首(部首名) 色（いろ）
✎ 色の漢字例：色

10 [音]
部首(部首名) 音（おと）
✎ 音の漢字例：響、音

読み / 部首 / 熟語の構成 / 四字熟語 / 対義語・類義語 / 同音・同訓異字 / 誤字訂正 / 送りがな / 書き取り

29

熟語の構成①

熟語の構成のしかたには........内の**ア～オ**のようなものがある。
次の熟語は........内の**ア～オ**のどれにあたるか、**一つ**選び、**記号**で答えよ。

☐☐ 1 咽喉　　　　　　　　　　　　　　[　　]

☐☐ 2 嫉視　　　　　　　　　　　　　　[　　]

☐☐ 3 不肖　　　　　　　　　　　　　　[　　]

☐☐ 4 捕捉　　　　　　　　　　　　　　[　　]

☐☐ 5 退廷　　　　　　　　　　　　　　[　　]

☐☐ 6 赴任　　　　　　　　　　　　　　[　　]

☐☐ 7 銃創　　　　　　　　　　　　　　[　　]

☐☐ 8 功罪　　　　　　　　　　　　　　[　　]

☐☐ 9 捻出　　　　　　　　　　　　　　[　　]

☐☐ 10 需給　　　　　　　　　　　　　　[　　]

ア　同じような意味の漢字を重ねたもの（岩石）

イ　反対または対応の意味を表す字を重ねたもの（高低）

ウ　前の字が後の字を修飾しているもの（洋画）

エ　後の字が前の字の目的語・補語になっているもの（着席）

オ　前の字が後の字の意味を打ち消しているもの（非常）

30

標準解答　　　　　　　解　説

1 〔 ア 〕
咽喉：咽頭と喉頭。のど。
構成 咽 ＝＝ 喉 同義
どちらも「のど」という意味。

2 〔 ウ 〕
嫉視：ねたましい気持ちで見ること。
構成 嫉 → 視 修飾
ねたましく見る。嫉は「ねたむ」の意。

3 〔 オ 〕
不肖：親や師に似ず、愚かで劣っていること。
構成 不 × 肖 打消
似ていない。

4 〔 ア 〕
捕捉：つかまえること。
構成 捕 ＝＝ 捉 同義
どちらも「とらえる」という意味。

5 〔 エ 〕
退廷：朝廷や法廷から引き下がること。
構成 退 ← 廷 目的
法廷から退出する。

6 〔 エ 〕
赴任：任地へ行くこと。
構成 赴 ← 任 目的
任地へ赴く。

7 〔 ウ 〕
銃創：銃弾を受けてできた傷。
構成 銃 → 創 修飾
銃でできたきず。

8 〔 イ 〕
功罪：一つの物事のよい面と悪い面。
構成 功 ← → 罪 対義
「よい面」と「悪い面」、反対の意味。

9 〔 ウ 〕
捻出：頭をひねって考え出すこと。
構成 捻 → 出 修飾
ひねって出す。

10 〔 イ 〕
需給：需要と供給。
構成 需 ← → 給 対義
「需要」と「供給」、反対の意味。

読み

部首

熟語の構成

四字熟語

対義語・類義語

同音・同訓異字

誤字訂正

送りがな

書き取り

熟語の構成②

熟語の構成のしかたには ⬚ 内の**ア～オ**のようなものがある。
次の熟語は ⬚ 内の**ア～オ**のどれにあたるか、**一つ選び、記号**で答えよ。

☐☐ 1　無粋　　　　　　　　　　　　［　　］

☐☐ 2　懇望　　　　　　　　　　　　［　　］

ア	同じような意味の漢字を重ねたもの（岩石）

☐☐ 3　叱責　　　　　　　　　　　　［　　］

イ	反対または対応の意味を表す字を重ねたもの（高低）

☐☐ 4　旅愁　　　　　　　　　　　　［　　］

☐☐ 5　謙遜　　　　　　　　　　　　［　　］

ウ	前の字が後の字を修飾しているもの（洋画）

☐☐ 6　遵法　　　　　　　　　　　　［　　］

エ	後の字が前の字の目的語・補語になっているもの（着席）

☐☐ 7　籠城　　　　　　　　　　　　［　　］

☐☐ 8　毀誉　　　　　　　　　　　　［　　］

オ	前の字が後の字の意味を打ち消しているもの（非常）

☐☐ 9　危惧　　　　　　　　　　　　［　　］

☐☐ 10　遡源　　　　　　　　　　　　［　　］

標準解答 / 解 説

1 [オ]
無粋：風流でないこと。
構成 無 × 粋 打消
粋でない。

2 [ウ]
懇望：心から切に望むこと。
構成 懇 ⟶ 望 修飾
熱心に望む。

3 [ア]
叱責：失敗などを厳しくとがめること。
構成 叱 ＝ 責 同義
どちらも「しかる」という意味。

4 [ウ]
旅愁：旅先で感じるもの寂しい思い。
構成 旅 ⟶ 愁 修飾
旅の愁い。

5 [ア]
謙遜：へりくだって控え目にすること。
構成 謙 ＝ 遜 同義
どちらも「へりくだる」という意味。

6 [エ]
遵法：法律にしたがい、それを固く守ること。
構成 遵 ⟵ 法 目的
法にしたがう。遵は「したがう」という意味。

7 [エ]
籠城：城の中にこもって敵を防ぐこと。
構成 籠 ⟵ 城 目的
城に籠もる。

8 [イ]
毀誉：けなすことと、ほめること。
構成 毀 ⟷ 誉 対義
「悪く言う」と「ほめる」、反対の意味。

9 [ア]
危惧：心配し恐れること。
構成 危 ＝ 惧 同義
どちらも「あやぶむ」という意味。

10 [エ]
遡源：水源に遡ること。
構成 遡 ⟵ 源 目的
源に遡る。

熟語の構成③

熟語の構成のしかたには [　　　] 内の**ア〜オ**のようなものがある。
次の熟語は [　　　] 内の**ア〜オ**のどれにあたるか、**一つ**選び、**記号**で答えよ。

□□ 1　傲慢　　　　　　　　　　　　　　[　　]

□□ 2　頒価　　　　　　　　　　　　　　[　　]

□□ 3　閑職　　　　　　　　　　　　　　[　　]

□□ 4　不遜　　　　　　　　　　　　　　[　　]

□□ 5　分析　　　　　　　　　　　　　　[　　]

□□ 6　愚痴　　　　　　　　　　　　　　[　　]

□□ 7　諭旨　　　　　　　　　　　　　　[　　]

□□ 8　抑揚　　　　　　　　　　　　　　[　　]

□□ 9　経緯　　　　　　　　　　　　　　[　　]

□□ 10　画趣　　　　　　　　　　　　　[　　]

ア　同じような意味の漢字を重ねたもの
　　（岩石）

イ　反対または対応の意味を表す字を重ねたもの
　　（高低）

ウ　前の字が後の字を修飾しているもの
　　（洋画）

エ　後の字が前の字の目的語・補語になっているもの
　　（着席）

オ　前の字が後の字の意味を打ち消しているもの
　　（非常）

| 標準解答 | 解　説 |

1 [ア]
傲慢：いばって人を見下すさま。
構成 傲＝＝慢 同義
どちらも「おごりたかぶる」という意味。

2 [ウ]
頒価：非売品などを頒布するときの値段。
構成 頒━━価 修飾
頒布する価格。

3 [ウ]
閑職：仕事が少なく、ひまな職務。
構成 閑━━職 修飾
ひまな職務。

4 [オ]
不遜：思いあがっていること。
構成 不 × 遜 打消
へりくだっていない。

5 [ア]
分析：事物の構造を明らかにすること。
構成 分＝＝析 同義
どちらも「わける」という意味。

6 [ア]
愚痴：言っても仕方ないことを言ってなげくこと。
構成 愚＝＝痴 同義
どちらも「おろか」という意味。

7 [エ]
諭旨：理由などを言い聞かせること。
構成 諭━━旨 目的
趣旨を諭す。

8 [イ]
抑揚：音声の調子などを、上げ下げすること。
構成 抑━━揚 対義
「おさえる」と「あげる」、反対の意味。

9 [イ]
経緯：たてとよこ。転じて、いきさつ。
構成 経━━緯 対義
「縦糸」と「横糸」、反対の意味。

10 [ウ]
画趣：絵になるような風景。
構成 画━━趣 修飾
絵のようなおもむき。

読み

部首

熟語の構成

四字熟語

対義語・類義語

同音・同訓異字

誤字訂正

送りがな

書き取り

熟語の構成④

熟語の構成のしかたには　　　内の**ア～オ**のようなものがある。
次の熟語は　　　内の**ア～オ**のどれにあたるか、**一つ**選び、**記号**で答えよ。

☐☐ 1　逸脱　　　　　　　　　　　　　　[　　]

☐☐ 2　隠顕　　　　　　　　　　　　　　[　　]

☐☐ 3　禍根

☐☐ 4　多寡

☐☐ 5　搭乗

☐☐ 6　逓減

☐☐ 7　懐郷

☐☐ 8　弾劾

☐☐ 9　不昧

☐☐ 10　慶弔　　　　　　　　　　　　　[　　]

ア	同じような意味の漢字を重ねたもの（岩石）
イ	反対または対応の意味を表す字を重ねたもの（高低）
ウ	前の字が後の字を修飾しているもの（洋画）
エ	後の字が前の字の目的語・補語になっているもの（着席）
オ	前の字が後の字の意味を打ち消しているもの（非常）

標準解答	解説

1 [ア]
逸脱：本筋から外れること。
構成 逸 ＝ 脱 **同義**
どちらも「それる」という意味。

2 [イ]
隠顕：隠れたり見えたりすること。
構成 隠 ⟷ 顕 **対義**
「隠れる」と「あらわれる」、反対の意味。

3 [ウ]
禍根：わざわいの起こるもと。
構成 禍 → 根 **修飾**
わざわいのもと。

4 [イ]
多寡：数量の多いことと少ないこと。
構成 多 ⟷ 寡 **対義**
「多い」と「少ない」、反対の意味。

5 [ア]
搭乗：艦船や飛行機などに乗りこむこと。
構成 搭 ＝ 乗 **同義**
どちらも「乗り物にのる」という意味。

6 [ウ]
逓減：だんだんに減ること、減らすこと。
構成 逓 → 減 **修飾**
次第に減る、減らす。

7 [エ]
懐郷：故郷をなつかしむこと。
構成 懐 ← 郷 **目的**
故郷を懐かしむ。

8 [ア]
弾劾：不正などを暴いて責任を追及すること。
構成 弾 ＝ 劾 **同義**
どちらも「問いただす」という意味。

9 [オ]
不昧：道理にくらくないこと。
構成 不 × 昧 **打消**
（道理に）くらくない。

10 [イ]
慶弔：祝いごとと、とむらいごと。
構成 慶 ⟷ 弔 **対義**
「慶事」と「弔事」、反対の意味。

読み / 部首 / 熟語の構成 / 四字熟語 / 対義語・類義語 / 同音・同訓異字 / 誤字訂正 / 送りがな / 書き取り

37

熟語の構成⑤

熟語の構成のしかたには ┊ ┊内の**ア〜オ**のようなものがある。
次の熟語は ┊ ┊内の**ア〜オ**のどれにあたるか、**一つ**選び、**記号**で答えよ。

☐☐ 1 禁錮 [　]

☐☐ 2 因果 [　]

☐☐ 3 未詳 [　]

☐☐ 4 還元 [　]

☐☐ 5 核心 [　]

☐☐ 6 謹呈 [　]

☐☐ 7 往還 [　]

☐☐ 8 擬似 [　]

☐☐ 9 誓詞 [　]

☐☐ 10 享受 [　]

ア 同じような意味の漢字
を重ねたもの
（岩石）

イ 反対または対応の意味
を表す字を重ねたもの
（高低）

ウ 前の字が後の字を修飾
しているもの
（洋画）

エ 後の字が前の字の目的
語・補語になっている
もの （着席）

オ 前の字が後の字の意味
を打ち消しているもの
（非常）

標準解答	解説

1 [ア]
禁錮：閉じこめて外へ出さないこと。
構成 禁＝＝錮 同義
どちらも「閉じこめる」という意味。

2 [イ]
因果：原因と結果。
構成 因 ←→ 果 対義
「原因」と「結果」、反対の意味。

3 [オ]
未詳：まだ明らかでないこと。
構成 未 × 詳 打消
まだくわしくわかっていない。

4 [エ]
還元：もとの状態に戻すこと。
構成 還 ←― 元 目的
元に戻す。

5 [ア]
核心：物事の中心となる重要な部分。
構成 核＝＝心 同義
どちらも「中心」という意味。

6 [ウ]
謹呈：かしこまって物を贈ること。
構成 謹 ―→ 呈 修飾
謹んで差しあげる。

7 [イ]
往還：人や車などが行き来すること。
構成 往 ←→ 還 対義
「行く」と「帰る」、反対の意味。

8 [ア]
擬似：本物と区別がつかないほど似ていること。
構成 擬＝＝似 同義
どちらも「似ている」という意味。

9 [ウ]
誓詞：誓いの言葉。
構成 誓 ―→ 詞 修飾
誓いの言葉。

10 [ア]
享受：恩恵をうけ入れ、楽しむこと。
構成 享＝＝受 同義
どちらも「うける」という意味。

読み / 部首 / 熟語の構成 / 四字熟語 / 対義語・類義語 / 同音・同訓異字 / 誤字訂正 / 送りがな / 書き取り

39

熟語の構成⑥

熟語の構成のしかたには[____]内の**ア～オ**のようなものがある。
次の熟語は[____]内の**ア～オ**のどれにあたるか、**一つ**選び、**記号**で答えよ。

☐☐ 1　叙勲　　　　　　　　　　［　　］

☐☐ 2　長幼　　　　　　　　　　［　　］

☐☐ 3　露顕　　　　　　　　　　［　　］

☐☐ 4　禍福　　　　　　　　　　［　　］

☐☐ 5　座礁　　　　　　　　　　［　　］

☐☐ 6　英俊　　　　　　　　　　［　　］

☐☐ 7　無窮　　　　　　　　　　［　　］

☐☐ 8　広漠　　　　　　　　　　［　　］

☐☐ 9　弔辞　　　　　　　　　　［　　］

☐☐ 10　懲悪　　　　　　　　　　［　　］

ア　同じような意味の漢字
　　を重ねたもの
　　　　　　　　　（岩石）

イ　反対または対応の意味
　　を表す字を重ねたもの
　　　　　　　　　（高低）

ウ　前の字が後の字を修飾
　　しているもの
　　　　　　　　　（洋画）

エ　後の字が前の字の目的
　　語・補語になっている
　　もの　　　　　（着席）

オ　前の字が後の字の意味
　　を打ち消しているもの
　　　　　　　　　（非常）

標準解答

解 説

1 [エ]
叙勲：勲等を授けそれに応じた勲章を与えること。
構成 叙 ←― 勲 目的
勲章をさずける。

2 [イ]
長幼：大人と子ども。年上と年下。
構成 長 ←→ 幼 対義
「年長者」と「年少者」、反対の意味。

3 [ア]
露顕：隠し事が明らかになること。
構成 露 ＝＝ 顕 同義
どちらも「はっきり見える」という意味。

4 [イ]
禍福：わざわいと、しあわせ。
構成 禍 ←→ 福 対義
「わざわい」と「しあわせ」、反対の意味。

5 [エ]
座礁：船が水面下の岩に乗り上げること。
構成 座 ←― 礁 目的
暗礁に座る。

6 [ア]
英俊：才知が抜きんでていること。
構成 英 ＝＝ 俊 同義
どちらも「すぐれている」という意味。

7 [オ]
無窮：果てしないさま。
構成 無 × 窮 打消
きわまることがない。

8 [ア]
広漠：果てしなく広いさま。
構成 広 ＝＝ 漠 同義
どちらも「広い。果てしない。」という意味。

9 [ウ]
弔辞：弔いの気持ちを記した言葉や文章。
構成 弔 ―→ 辞 修飾
弔いの言葉。

10 [エ]
懲悪：悪をいましめ、懲らしめること。
構成 懲 ←― 悪 目的
悪を懲らしめる。

読み 部首 熟語の構成 四字熟語 対義語・類義語 同音・同訓異字 誤字訂正 送りがな 書き取り

41

四字熟語①

次の四字熟語の（1～10）に入る適切な語を⬚内から選び、**漢字二字**で記せ。また、**11～15の意味**にあてはまるものを**ア～コの四字熟語**から**一つ**選び、**記号**で答えよ。

□□ 1 ア （ 1 ）明瞭　　　　　　［　　　］

□□ 2 イ 夏炉（ 2 ）　　　　　　［　　　］

□□ 3 ウ 延命（ 3 ）　　　　　　［　　　］

□□ 4 エ 雲水（ 4 ）　　　　　　［　　　］

□□ 5 オ 英俊（ 5 ）　　　　　　［　　　］

□□ 6 カ （ 6 ）自重　　　　　　［　　　］

□□ 7 キ 一子（ 7 ）　　　　　　［　　　］

□□ 8 ク 意気（ 8 ）　　　　　　［　　　］

□□ 9 ケ （ 9 ）雑言　　　　　　［　　　］

□□ 10 コ （ 10 ）来復　　　　　　［　　　］

| あっこう |
| あんぎゃ |
| いちょう |
| いんにん |
| かんたん |
| ごうけつ |
| しょうてん |
| そうでん |
| そくさい |
| とうせん |

□□ 11 役に立たないもののこと。　　　　　　　　　　［　　　］
□□ 12 とても勢いがあること。　　　　　　　　　　　［　　　］
□□ 13 わるいことが続いた後、幸運が訪れること。　［　　　］
□□ 14 怒りをこらえて、軽々しく行動しないこと。　［　　　］
□□ 15 僧が諸国を巡って修行すること。　　　　　　［　　　］

42

	標準解答	解説
1	簡単	簡単明瞭：込み入っていなくて、はっきりとしていること。
2	冬扇	夏炉冬扇：役に立たないもののこと。 ✎「夏の火鉢」と「冬の扇」の意。
3	息災	延命息災：無事に長生きすること。 ✎「息災」は「わざわいをとめる」という意味。
4	行脚	雲水行脚：僧が諸国を巡って修行すること。 ✎「雲水」は修行僧のこと。
5	豪傑	英俊豪傑：多くの中で特にすぐれた人物。
6	隠忍	隠忍自重：怒りをこらえて、軽々しく行動しないこと。
7	相伝	一子相伝：学問や技芸の奥義を、わが子一人だけにつたえて、他にはもらさないこと。
8	衝天	意気衝天：とても勢いがあること。 ✎「衝天」は「天を突きあげる」という意味。
9	悪口	悪口雑言：くちぎたなく、あれこれののしること。また、その言葉。
10	一陽	一陽来復：わるいことが続いた後、幸運が訪れること。
11	イ	夏炉冬扇
12	ク	意気衝天
13	コ	一陽来復
14	カ	隠忍自重
15	エ	雲水行脚

読み

部首

熟語の構成

四字熟語

対義語・類義語

同音・同訓異字

誤字訂正

送りがな

書き取り

四字熟語②

次の**四字熟語**の（1～10）に入る適切な語を[_____]内から選び、**漢字二字**で記せ。また、11～15の**意味**にあてはまるものを**ア～コ**の四字熟語から**一つ**選び、記号で答えよ。

□□ 1	ア 円転（ **1** ）		[ ]
□□ 2	イ （ **2** ）肉林		[ ]
□□ 3	ウ （ **3** ）休題	かつだつ	[ ]
□□ 4	エ 勧善（ **4** ）	かんわ ききゅう	[ ]
□□ 5	オ 会者（ **5** ）	きょうさ ぎょくしょく	[ ]
□□ 6	カ 巧遅（ **6** ）	しゅち じょうり	[ ]
□□ 7	キ （ **7** ）存亡	せっそく	[ ]
□□ 8	ク （ **8** ）扇動	ちょうあく らんま	[ ]
□□ 9	ケ 錦衣（ **9** ）		[ ]
□□ 10	コ 快刀（ **10** ）		[ ]

□□ 11	この世は無常で別れが必ずくるということ。	[ ]
□□ 12	こじれた物事を鮮やかに解決すること。	[ ]
□□ 13	物事がすらすらと運ぶさま。	[ ]
□□ 14	ぜいたくの限りを尽くした宴会。	[ ]
□□ 15	そそのかして、けしかけること。	[ ]

44

標準解答	解説

1 [滑脱] 円転滑脱：物事がすらすらと運ぶさま。

2 [酒池] 酒池肉林：ぜいたくの限りを尽くした宴会。

3 [閑話] 閑話休題：それはさておき。

4 [懲悪] 勧善懲悪：善行を奨励して、悪行をこらしめ、わるい行いをしないようにしむけること。

5 [定離] 会者定離：この世は無常で別れが必ずくるということ。

6 [拙速] 巧遅拙速：じょうずで遅いより、へたでもはやい方がよいということ。

7 [危急] 危急存亡：事態が差し迫っていて、生きるか死ぬかの瀬戸際のこと。

8 [教唆] 教唆扇動：そそのかして、けしかけること。

9 [玉食] 錦衣玉食：ぜいたくな生活をすること。

10 [乱麻] 快刀乱麻：こじれた物事を鮮やかに解決すること。

11 [オ] 会者定離

12 [コ] 快刀乱麻　類 一刀両断

13 [ア] 円転滑脱

14 [イ] 酒池肉林

15 [ク] 教唆扇動

四字熟語③

次の**四字熟語**の（1〜10）に入る適切な語を □□□□ 内から選び、**漢字二字**で記せ。また、11〜15の**意味**にあてはまるものを**ア〜コの四字熟語**から**一つ**選び、**記号**で答えよ。

□□ 1 ア （ 1 ）空拳　　　　　　　[　　]

□□ 2 イ 群雄（ 2 ）　　　　　　[　　]

□□ 3 ウ （ 3 ）万里　　　　　　[　　]

□□ 4 エ 温厚（ 4 ）　　　　　　[　　]

□□ 5 オ 冷汗（ 5 ）　　　　　　[　　]

□□ 6 カ （ 6 ）行賞　　　　　　[　　]

□□ 7 キ （ 7 ）整然　　　　　　[　　]

□□ 8 ク （ 8 ）禍福　　　　　　[　　]

□□ 9 ケ （ 9 ）令色　　　　　　[　　]

□□ 10 コ （ 10 ）一声　　　　　[　　]

うんてい
かっきょ
きっきょう
こうげん
さんと
だいかつ
とくじつ
としゅ
りろ
ろんこう

□□ 11 極めておおきな差異があること。　　　　　　[　　]
□□ 12 物事の考え方の筋道が整っていること。　　　　[　　]
□□ 13 恐怖や恥ずかしさで大量の汗が出ること。　　　[　　]
□□ 14 何かを始める際に身一つであること。　　　　　[　　]
□□ 15 うわべを取り繕い、人にこびへつらうこと。　　[　　]

	標準解答	解説
1	徒手	徒手空拳：何かを始める際に身一つであること。
2	割拠	群雄割拠：多くの英雄や実力者が各地に勢力を張って、互いに対立していること。
3	雲泥	雲泥万里：極めておおきな差異があること。
4	篤実	温厚篤実：人柄がおだやかでやさしく、誠実で親切なこと。
5	三斗	冷汗三斗：恐怖や恥ずかしさで大量の汗が出ること。
6	論功	論功行賞：手柄の大小を調べて、それに応じた賞を与えること。
7	理路	理路整然：物事の考え方の筋道が整っていること。
8	吉凶	吉凶禍福：幸いとわざわい。
9	巧言	巧言令色：うわべを取り繕い、人にこびへつらうこと。
10	大喝	大喝一声：大声でどなりつけたり、しかりつけたりすること。
11	ウ	雲泥万里
12	キ	理路整然 類 順理成章
13	オ	冷汗三斗
14	ア	徒手空拳
15	ケ	巧言令色

読み / 部首 / 熟語の構成 / 四字熟語 / 対義語・類義語 / 同音・同訓異字 / 誤字訂正 / 送りがな / 書き取り

四字熟語④

次の**四字熟語**の（1～10）に入る適切な語を⬚⬚⬚内から選び、**漢字二字**で記せ。また、11～15の**意味**にあてはまるものを**ア～コの四字熟語**から**一つ**選び、**記号**で答えよ。

☐☐ 1　ア　大言（　**1**　）　　　　　　［　　　］

☐☐ 2　イ　（　**2**　）協同　　　　　　［　　　］

☐☐ 3　ウ　朝令（　**3**　）　　　　　　［　　　］

☐☐ 4　エ　（　**4**　）妄想　　　　　　［　　　］

☐☐ 5　オ　内憂（　**5**　）　　　　　　［　　　］

☐☐ 6　カ　刻苦（　**6**　）　　　　　　［　　　］

☐☐ 7　キ　（　**7**　）充棟　　　　　　［　　　］

☐☐ 8　ク　月下（　**8**　）　　　　　　［　　　］

☐☐ 9　ケ　（　**9**　）秀麗　　　　　　［　　　］

☐☐ 10　コ　気炎（　**10**　）　　　　　［　　　］

> がいかん
> かんぎゅう
> こだい
> そうご
> ばんじょう
> びもく
> ひょうじん
> べんれい
> ぼかい
> わちゅう

☐☐ 11　蔵書がとても多いこと。　　　　　　　　　　［　　　］

☐☐ 12　きわめて意気盛んなこと。　　　　　　　　　［　　　］

☐☐ 13　うちにもそとにも厄介な心配事がある状態。　［　　　］

☐☐ 14　結婚の仲立ちをするひと。　　　　　　　　　［　　　］

☐☐ 15　法律や規則が頻繁にかわり定まらないこと。　［　　　］

48

標準解答

解　説

1 〔 壮語 〕 大言壮語（たいげんそうご）：大きなことを言っても、実行がともなわないこと。

2 〔 和衷 〕 和衷協同（わちゅうきょうどう）：心を同じくして、ともに力を合わせること。

3 〔 暮改 〕 朝令暮改（ちょうれいぼかい）：法律や規則が頻繁にかわり定まらないこと。

4 〔 誇大 〕 誇大妄想（こだいもうそう）：自分の現状を実際以上に想像して、事実のように思いこむこと。

5 〔 外患 〕 内憂外患（ないゆううがいかん）：うちにもそとにも厄介な心配事がある状態。

6 〔 勉励 〕 刻苦勉励（こっくべんれい）：非常に苦労をして、仕事などにつとめはげむこと。

7 〔 汗牛 〕 汗牛充棟（かんぎゅうじゅうとう）：蔵書がとても多いこと。

8 〔 氷人 〕 月下氷人（げっかひょうじん）：結婚の仲立ちをするひと。

9 〔 眉目 〕 眉目秀麗（びもくしゅうれい）：顔かたちが美しくととのっていること。

10 〔 万丈 〕 気炎万丈（きえんばんじょう）：きわめて意気盛んなこと。

11 〔 キ 〕 汗牛充棟（かんぎゅうじゅうとう）　類 擁書万巻（ようしょばんかん）

12 〔 コ 〕 気炎万丈（きえんばんじょう）

13 〔 オ 〕 内憂外患（ないゆうがいかん）

14 〔 ク 〕 月下氷人（げっかひょうじん）

15 〔 ウ 〕 朝令暮改（ちょうれいぼかい）　類 三日法度（みっかはっと）

読み

部首

熟語の構成

四字熟語

対義語・類義語

同音・同訓異字

誤字訂正

送りがな

書き取り

四字熟語⑤

次の**四字熟語**の（1〜10）に入る適切な語を[   ]内から選び、**漢字二字**で記せ。また、**11〜15の意味**にあてはまるものを**ア〜コの四字熟語**から**一つ**選び、**記号**で答えよ。

□□ 1　ア　（ 1 ）分別　　　　　　　［　　　］

□□ 2　イ　情状（ 2 ）　　　　　　　［　　　］

□□ 3　ウ　（ 3 ）強記　　　　　　　［　　　］

□□ 4　エ　当代（ 4 ）　　　　　　　［　　　］

□□ 5　オ　（ 5 ）塞源　　　　　　　［　　　］

□□ 6　カ　空空（ 6 ）　　　　　　　［　　　］

□□ 7　キ　合従（ 7 ）　　　　　　　［　　　］

□□ 8　ク　放歌（ 8 ）　　　　　　　［　　　］

□□ 9　ケ　（ 9 ）百出　　　　　　　［　　　］

□□ 10　コ　優勝（ 10 ）　　　　　　［　　　］

| こうぎん |
| しゃくりょう |
| しりょ |
| ずいいち |
| ばくばく |
| はくらん |
| はたん |
| ばっぽん |
| れっぱい |
| れんこう |

□□ 11　言動などが一貫せず、次々に矛盾点が現れること。　　［　　　］

□□ 12　道理をよく考えて判断すること。　　　　　　　　　［　　　］

□□ 13　利害にしたがい、手を組んだり離れたりすること。　　［　　　］

□□ 14　広く書物を読み、よく覚えていること。　　　　　　［　　　］

□□ 15　災いの原因を取り除くこと。　　　　　　　　　　　［　　　］

	標準解答	解 説
1	思慮	思慮分別：道理をよく考えて判断すること。
2	酌量	情状酌量：同情すべき事情をくみ取って、刑罰を軽くすること。
3	博覧	博覧強記：広く書物を読み、よく覚えていること。
4	随一	当代随一：いまの時代で、最も優れていること。
5	抜本	抜本塞源：災いの原因を取り除くこと。
6	漠漠(漠々)	空空漠漠：果てしなく広いさま。
7	連衡	合従連衡：利害にしたがい、手を組んだり離れたりすること。
8	高吟	放歌高吟：周囲のことを考えずに大きな声で歌うこと。
9	破綻	破綻百出：言動などが一貫せず、次々に矛盾点が現れること。
10	劣敗	優勝劣敗：まさっている者が勝ち、おとっている者が負けること。
11	ケ	破綻百出
12	ア	思慮分別
13	キ	合従連衡
14	ウ	博覧強記
15	オ	抜本塞源

読み / 部首 / 熟語の構成 / 四字熟語 / 対義語・類義語 / 同音・同訓異字 / 誤字訂正 / 送りがな / 書き取り

51

四字熟語⑥

次の**四字熟語**の（1〜10）に入る適切な語を〔　　　〕内から選び、**漢字二字**で記せ。また、11〜15の**意味**にあてはまるものを**ア**〜コの四字熟語から**一つ**選び、**記号**で答えよ。

□□ 1　ア　国士（　**1**　）　　　　　　　〔　　　〕

□□ 2　イ　（　**2**　）千里　　　　　　　〔　　　〕

□□ 3　ウ　百八（　**3**　）　　　　　　　〔　　　〕

□□ 4　エ　（　**4**　）万象　　　　　　　〔　　　〕

□□ 5　オ　（　**5**　）妄動　　　　　　　〔　　　〕

□□ 6　カ　（　**6**　）満面　　　　　　　〔　　　〕

□□ 7　キ　（　**7**　）有閑　　　　　　　〔　　　〕

□□ 8　ク　疾風（　**8**　）　　　　　　　〔　　　〕

□□ 9　ケ　志操（　**9**　）　　　　　　　〔　　　〕

□□ 10　コ　新進（　**10**　）　　　　　　〔　　　〕

〔　きえい
　　きしょく
　　けいきょ
　　けんご
　　しんら
　　じんらい
　　ぼうちゅう
　　ぼんのう
　　むそう
　　よくや　〕

□□ 11　主義や考えなどを変えないこと。　　　　　　　〔　　　〕

□□ 12　事の是非を考えずにかるがるしく行動すること。　〔　　　〕

□□ 13　いそがしいときにも一息つく時間があること。　　〔　　　〕

□□ 14　人の心を苦しめる数多くのなやみのこと。　　　　〔　　　〕

□□ 15　国内に匹敵する者がないほどの優れた人。　　　　〔　　　〕

	標準解答	解説

1 〔 無双 〕
国士無双：国内に匹敵する者がないほどの優れた人。

2 〔 沃野 〕
沃野千里：土地のよく肥えた平地が広がっていること。

3 〔 煩悩 〕
百八煩悩：人の心を苦しめる数多くのなやみのこと。

4 〔 森羅 〕
森羅万象：宇宙に存在する全てのもの。
✐「森羅」は「限りなく連なること」という意味。

5 〔 軽挙 〕
軽挙妄動：事の是非を考えずにかるがるしく行動すること。

6 〔 喜色 〕
喜色満面：顔いっぱいによろこびの表情があふれている様子。

7 〔 忙中 〕
忙中有閑：いそがしいときにも一息つく時間があること。

8 〔 迅雷 〕
疾風迅雷：行動がすばやく激しいさま。

9 〔 堅固 〕
志操堅固：主義や考えなどを変えないこと。

10 〔 気鋭 〕
新進気鋭：ある分野に新しく登場し、意気込みが盛んで将来性があるさま。

11 〔 ケ 〕 志操堅固 類 堅忍不抜

12 〔 オ 〕 軽挙妄動

13 〔 キ 〕 忙中有閑

14 〔 ウ 〕 百八煩悩

15 〔 ア 〕 国士無双 類 古今無双、天下第一

読み / 部首 / 熟語の構成 / 四字熟語 / 対義語・類義語 / 同音・同訓異字 / 誤字訂正 / 送りがな / 書き取り

53

対義語・類義語①

次の 1 ～ 5 の**対義語**、6 ～ 10 の**類義語**を 内から選び、**漢字**で記せ。 内の語は一度だけ使うこと。

□□ 1		凝固	[　　　]
□□ 2		凡百	[　　　]
□□ 3	対義語	粗略	[　　　]
□□ 4		繁忙	[　　　]
□□ 5		虚弱	[　　　]
□□ 6		長者	[　　　]
□□ 7		漂泊	[　　　]
□□ 8	類義語	積算	[　　　]
□□ 9		寄与	[　　　]
□□ 10		祝福	[　　　]

がんけん
かんさん
けいが
こうけん
ていねい
ふごう
ゆいいつ
ゆうかい
るいけい
るろう

54

(標準解答)　　　(解　説)

1 [融解]
凝固：液体が固体に変化する現象。
融解：固体が液体に変化する現象。

2 [唯一]
凡百：いろいろなもの。かずかず。
唯一：ただ一つだけ。

3 [丁寧]
粗略：おろそか。ぞんざい。
丁寧：細かいところまで気をつけていること。

4 [閑散]
繁忙：用事が多く、忙しいさま。
閑散：ひっそりとしていること。また、することもなくひまなこと。

5 [頑健]
虚弱：体がひよわで病気がちなこと。
頑健：体型ががっしりとして丈夫なさま。

6 [富豪]
長者：大金持ち。
富豪：たくさんの財産がある人。

7 [流浪]
漂泊：あてもなくさまようこと。
流浪：あてどもなく、さまよい歩くこと。

8 [累計]
積算：よせ集めて合計を出すこと。
累計：小計をつぎつぎに加えて合計を出すこと。また、その合計。

9 [貢献]
寄与：国家や社会に対して役に立つこと。
貢献：物事や社会のために力を尽くして、役に立つこと。

10 [慶賀]
祝福：他人の幸せを祝うこと。
慶賀：めでたい事柄をよろこび祝うこと。

読み
部首
熟語の構成
四字熟語
対義語・類義語
同音・同訓異字
誤字訂正
送りがな
書き取り

対義語・類義語②

次の1〜5の**対義語**、6〜10の**類義語**を [ ] 内から選び、**漢字**で記せ。[ ] 内の語は一度だけ使うこと。

☐☐ 1		混乱	[ ]
☐☐ 2		褒賞	[ ]
☐☐ 3	対義語	明瞭	[ ]
☐☐ 4		固辞	[ ]
☐☐ 5		軽侮	[ ]
☐☐ 6		永眠	[ ]
☐☐ 7		考慮	[ ]
☐☐ 8	類義語	調停	[ ]
☐☐ 9		卓抜	[ ]
☐☐ 10		譲歩	[ ]

あいまい
かいだく
しゃくりょう
しゅういつ
すうはい
せいきょ
だきょう
ちつじょ
ちゅうさい
ちょうばつ

標準解答　　　解　説

1 秩序
混乱：入り乱れてわけがわからなくなること。
秩序：物事の正しい順番や決まり。

2 懲罰
褒賞：すぐれた行いをほめたたえること。
懲罰：不正や不当な行為をした人をこらしめ、ばつを与えること。

3 曖昧
明瞭：はっきり明らかなさま。
曖昧：はっきりしないさま。

4 快諾
固辞：いくらすすめられても断り続けること。
快諾：気持ちよく承知すること。

5 崇拝
軽侮：軽んじあなどること。
崇拝：尊いものとあがめうやまうこと。

6 逝去
永眠：永遠にねむる意で、死ぬこと。
逝去：人の死を敬っていう語。

7 酌量
考慮：判断するために、いろいろな要素や条件を考え合わせること。
酌量：事情をくみ取ること。

8 仲裁
調停：争う二者の間に入り、和解させること。
仲裁：争いの間に入って、双方を和解させること。

9 秀逸
卓抜：他よりも大きく抜きんでていること。
秀逸：他のものよりもすぐれ、抜きんでていること。

10 妥協
譲歩：自分の主張を曲げて、他の意見を受け入れること。
妥協：互いに歩みより、意見をまとめること。

読み / 部首 / 熟語の構成 / 四字熟語 / 対義語・類義語 / 同音・同訓異字 / 誤字訂正 / 送りがな / 書き取り

57

対義語・類義語③

次の1～5の**対義語**、6～10の**類義語**を [.........] 内から選び、漢字で記せ。[.........] 内の語は一度だけ使うこと。

□□ 1	対義語	汚濁	[ ]
□□ 2		粗雑	[ ]
□□ 3		不足	[ ]
□□ 4		斬新	[ ]
□□ 5		暫時	[ ]
□□ 6	類義語	万全	[ ]
□□ 7		貧苦	[ ]
□□ 8		抜粋	[ ]
□□ 9		歴然	[ ]
□□ 10		熟知	[ ]

かんぺき
けんちょ
こうきゅう
こんきゅう
しょうろく
せいちょう
ちみつ
ちんぷ
つうぎょう
よじょう

標準解答　　　　解　説

1 清澄
汚濁：よごれてにごること。
清澄：きよらかで透きとおっていること。

2 緻密
粗雑：おおざっぱで、いいかげんなさま。
緻密：きめのこまかいさま。

3 余剰
不足：欠けていること。
余剰：必要な分を差し引いたあまり。

4 陳腐
斬新：それまでにない独創的な考え方で新しいこと。
陳腐：ありふれて古くさく、つまらないこと。

5 恒久
暫時：しばらくの間。
恒久：いつまでも変わらずに続くこと。

6 完璧
万全：少しの手抜かりもないこと。
完璧：欠点や不足が全くなく、りっぱなこと。

7 困窮
貧苦：まずしくて生活が苦しいこと。
困窮：ひどく貧乏で苦しむこと。

8 抄録
抜粋：必要な部分だけを抜き出すこと。
抄録：原文から必要な部分を抜き書きすること。

9 顕著
歴然：まぎれもなく明らかなさま。
顕著：他と比べていちじるしく目立つさま。

10 通暁
熟知：十分に知っていること。
通暁：詳しく知り抜いていること。

59

対義語・類義語④

次の1〜5の**対義語**、6〜10の**類義語**を[_____]内から選び、
漢字で記せ。[_____]内の語は一度だけ使うこと。

☐ 1		発病	[　　　]
☐ 2		答申	[　　　]
☐ 3	対義語	哀悼	[　　　]
☐ 4		挫折	[　　　]
☐ 5		凡才	[　　　]
☐ 6		奮戦	[　　　]
☐ 7		工事	[　　　]
☐ 8	類義語	順次	[　　　]
☐ 9		堪忍	[　　　]
☐ 10		忘我	[　　　]

いつざい
かんてつ
かんとう
かんべん
けいが
しもん
ちくじ
ちゆ
とうすい
ふしん

標準解答	解 説

1 〔 治癒 〕
発病^{はつびょう}：病気になること。
治癒^{ちゆ}：病気やけががなおること。

2 〔 諮問 〕
答申^{とうしん}：上司や上級官庁のといかけに対して、意見を申し述べること。
諮問^{しもん}：有識者や他の機関に意見を求めること。

3 〔 慶賀 〕
哀悼^{あいとう}：人の死をかなしみいたむこと。
慶賀^{けいが}：めでたい事柄をよろこび祝うこと。

4 〔 貫徹 〕
挫折^{ざせつ}：計画などが途中でだめになること。
貫徹^{かんてつ}：最後までやりとおすこと。

5 〔 逸材 〕
凡才^{ぼんさい}：平凡な才能。また、それを持つ人。
逸材^{いつざい}：すぐれた才能を持つ人。

6 〔 敢闘 〕
奮戦^{ふんせん}：力をふるって戦うこと。
敢闘^{かんとう}：恐れず勇ましく戦うこと。

7 〔 普請 〕
工事^{こうじ}：土木や建築などの作業。
普請^{ふしん}：建築・土木の工事。

8 〔 逐次 〕
順次^{じゅんじ}：順を追ってすること。
逐次^{ちくじ}：順を追ってつぎつぎに。

9 〔 勘弁 〕
堪忍^{かんにん}：怒りをおさえて他人を許すこと。
勘弁^{かんべん}：他人のあやまちや要求などを許すこと。

10 〔 陶酔 〕
忘我^{ぼうが}：我をわすれて夢中になること。
陶酔^{とうすい}：芸術などに心を奪われること。

読み
部首
熟語の構成
四字熟語
対義語・類義語
同音・同訓異字
誤字訂正
送りがな
書き取り

対義語・類義語⑤

次の1～5の**対義語**、6～10の**類義語**を[____]内から選び、**漢字**で記せ。[____]内の語は一度だけ使うこと。

		選択肢	
□ 1	永遠		[　]
□ 2	偉大		[　]
□ 3	公開		[　]
□ 4	分割		[　]
□ 5	狭量		[　]

対義語（1～5）

選択肢:
- いっかつ
- かんよう
- きゅうぼう
- けっかん
- けっしゅつ
- せつな
- ひとく
- ふっしょく
- ほうしゅう
- ぼんよう

□ 6	対価		[　]
□ 7	貧困		[　]
□ 8	一掃		[　]
□ 9	卓抜		[　]
□ 10	不備		[　]

類義語（6～10）

標準解答	解 説

1 [利那]
永遠：いつまでもながく果てしないこと。
刹那：ごく短い時間。

2 [凡庸]
偉大：すぐれてりっぱなさま。
凡庸：すぐれたところがないさま。

3 [秘匿]
公開：利用や見聞ができるように、一般の人々に開放すること。
秘匿：第三者には、ひそかに隠しておくこと。

4 [一括]
分割：いくつかにわけて、別々にすること。
一括：ひとまとめに扱うこと。

5 [寛容]
狭量：度量がせまく小さいこと。
寛容：心がひろく、よく人を受け入れること。

6 [報酬]
対価：財産・労力などを人に与えた代わりに受け取る金品。
報酬：労働などに対して給付される金品。

7 [窮乏]
貧困：まずしくて生活が苦しいこと。
窮乏：ひどくまずしくて生活に苦しむこと。

8 [払拭]
一掃：残らずはらいのけること。
払拭：はらいぬぐうように、すっかりなくすこと。

9 [傑出]
卓抜：他よりも大きく抜きんでていること。
傑出：他のものに比べ、抜きんでてすぐれていること。

10 [欠陥]
不備：整っていないこと。
欠陥：かけていること。

読み / 部首 / 熟語の構成 / 四字熟語 / **対義語・類義語** / 同音・同訓異字 / 誤字訂正 / 送りがな / 書き取り

対義語・類義語⑥

次の1～5の**対義語**、6～10の**類義語**を □ 内から選び、
漢字で記せ。 □ 内の語は一度だけ使うこと。

□□ 1	多弁	[ ]
□□ 2	崇敬	[ ]
□□ 3	栄転	[ ]
□□ 4	高慢	[ ]
□□ 5	反逆	[ ]
□□ 6	解任	[ ]
□□ 7	指揮	[ ]
□□ 8	筋道	[ ]
□□ 9	来歴	[ ]
□□ 10	荘重	[ ]

対義語 (1～5)
類義語 (6～10)

かもく
きょうじゅん
けいぶ
けんきょ
げんしゅく
さいはい
させん
ひめん
みゃくらく
ゆいしょ

1回目	2回目
/10問	/10問

	標準解答	解　説	

1	寡黙	多弁：よくしゃべること。 寡黙：言葉数の少ないこと。

2	軽侮	崇敬：神仏などをあがめうやまうこと。 軽侮：かろんじて、あなどること。

3	左遷	栄転：今よりも上の地位を得て、転任すること。 左遷：前より低い地位・官職におとすこと。

4	謙虚	高慢：うぬぼれが強く、人を見下しているさま。 謙虚：自分を誇らないで、へりくだるさま。

5	恭順	反逆：権威や権力に対して、逆らい、そむくこと。 恭順：つつしんでしたがうこと。

6	罷免	解任：職務や任務を辞めさせること。 罷免：公務員の職務を辞めさせること。

7	采配	指揮：人々に指図すること。 采配：命令しておおぜいの人を動かすこと。

8	脈絡	筋道：物事の道理。 脈絡：物事のつながり。

9	由緒	来歴：今までの経過。 由緒：物事のいわれ・起こり。

10	厳粛	荘重：おごそかで重々しいさま。 厳粛：おごそかで心身が引きしまるさま。

読み

部首

熟語の構成

四字熟語

対義語・類義語

同音・同訓異字

誤字訂正

送りがな

書き取り

65

同音・同訓異字①

次の——線の**カタカナ**を**漢字**に直せ。

□□ 1 彼からの申し出を**キョヒ**する。 [   ]

□□ 2 グラウンドの建設に**キョヒ**を投じる。 [   ]

□□ 3 **オウシュウ**物を返却する。 [   ]

□□ 4 議論の**オウシュウ**が続いた。 [   ]

□□ 5 パソコンの**ソウサ**方法を教わる。 [   ]

□□ 6 国際空港で麻薬の**ソウサ**が行われた。 [   ]

□□ 7 天皇に**ケンジョウ**する品を選ぶ。 [   ]

□□ 8 **ケンジョウ**の美徳を体現する。 [   ]

□□ 9 社長の**ツル**の一声で決まった。 [   ]

□□10 弓に**ツル**を張る。 [   ]

標準解答　　　　　　　解　説

1 〔 拒否 〕 拒否：要求や希望を断ること。

2 〔 巨費 〕 巨費：きわめて多額な費用。

3 〔 押収 〕 押収：証拠物などを確保すること。

4 〔 応酬 〕 応酬：互いにやりとりすること。

5 〔 操作 〕 操作：機械などを動かすこと。

6 〔 捜査 〕 捜査：さがして調べること。

7 〔 献上 〕 献上：身分や地位の高い人に物を差しあげること。
　　　　　　　対 下賜

8 〔 謙譲 〕 謙譲：へりくだって相手にゆずること。

9 〔 鶴 〕 鶴：ツル科の鳥の総称。
　　　　　✎ 「鶴の一声」は「有力者や権威ある人の一言」という意味。

10 〔 弦 〕 弦：弓に張ってある糸。

読み

部首

熟語の構成

四字熟語

対義語・類義語

同音・同訓異字

誤字訂正

送りがな

書き取り

67

同音・同訓異字②

次の——線の**カタカナ**を**漢字**に直せ。

□ 1 台風で**カセン**の水位が高くなる。 [   ]

□ 2 電車の**カセン**工事が行われた。 [   ]

□ 3 室内の**カンキ**に留意する。 [   ]

□ 4 株価の推移に注意を**カンキ**する。 [   ]

□ 5 本物に**コクジ**した模造品だ。 [   ]

□ 6 選挙の投票日が**コクジ**された。 [   ]

□ 7 **ショウチュウ**に梅干しを入れる。 [   ]

□ 8 実権を**ショウチュウ**に収めた。 [   ]

□ 9 ゆっくりと大きく息を**ハ**く。 [   ]

□ 10 歌手と作家の二足のわらじを**ハ**く。 [   ]

1回目	2回目
／10問	／10問

標準解答　　　　　解　説

1 [河川] 河川：大小のかわの総称。

2 [架線] 架線：送電線・電話線などをかけ渡すこと。

3 [換気] 換気：汚れた空気を外に出し、新鮮な空気を取り入れること。

4 [喚起] 喚起：呼びかけて意識させること。

5 [酷似] 酷似：きわめてよくにていること。

6 [告示] 告示：公共の機関が広く一般に知らせること。
圞 通知

7 [焼酎] 焼酎：米・麦・芋などからつくる蒸留酒。

8 [掌中] 掌中：自分が思いどおりにできる範囲。

9 [吐] 吐く：息などをはき出す。

10 [履] 履く：足を保護するためのはきものをつける。
✎「二足のわらじを履く」は「両立の難しそうな二つの職業を兼ねる」という意味。

読み

部首

熟語の構成

四字熟語

対義語・類義語

同音・同訓異字

誤字訂正

送りがな

書き取り

同音・同訓異字③

次の——線の**カタカナ**を**漢字**に直せ。

1 正しい<u>キンセン</u>感覚を身につける。 [　　　]

2 心の<u>キンセン</u>に触れる歌声だ。 [　　　]

3 消費社会に<u>ケイショウ</u>を鳴らす。 [　　　]

4 <u>ケイショウ</u>の風邪でも安心できない。 [　　　]

5 <u>カンセイ</u>な郊外で生まれ育った。 [　　　]

6 <u>カンセイ</u>塔からの指示を待つ。 [　　　]

7 <u>カイコン</u>の念に駆られる。 [　　　]

8 山を<u>カイコン</u>して農業を営む。 [　　　]

9 母の特技はフルートを<u>フ</u>くことだ。 [　　　]

10 黒板を日直がきれいに<u>フ</u>く。 [　　　]

標準解答　　　　　解説

1 [金銭]　金銭：おかね。

2 [琴線]　琴線：心の奥にある感動しやすい情感。

3 [警鐘]　警鐘：危険を知らせて注意をうながすもの。

4 [軽症]　軽症：けがや病気の状態がかるいこと。

5 [閑静]　閑静：しずかで、ひっそりとしたさま。

6 [管制]　管制：航空機の航行・発着などを管理・規制すること。

7 [悔恨]　悔恨：くやんで残念に思うこと。

8 [開墾]　開墾：新たに山林などを切りひらいて田畑にすること。

9 [吹]　吹く：息を吐いて音を出す。

10 [拭]　拭く：汚れや水分などをぬぐい取る。

読み / 部首 / 熟語の構成 / 四字熟語 / 対義語・類義語 / 同音・同訓異字 / 誤字訂正 / 送りがな / 書き取り

71

同音・同訓異字④

次の──線の**カタカナ**を**漢字**に直せ。

1 寝ぼけていた弟が突然**カクセイ**した。 [　　　]

2 昔と比べると**カクセイ**の感がある。 [　　　]

3 高速道路は**ジュウタイ**が激しい。 [　　　]

4 二列**ジュウタイ**に並ぶ。 [　　　]

5 空港で農産物の**ケンエキ**を行う。 [　　　]

6 出資した油田の**ケンエキ**を保有する。 [　　　]

7 離婚した友人が**キュウセイ**に戻った。 [　　　]

8 知人の**キュウセイ**の知らせに驚く。 [　　　]

9 罪を**オカ**したことを悔いる。 [　　　]

10 危険を**オカ**して計画を実行する。 [　　　]

標準解答 ・ 解 説

1 〔 覚醒 〕 覚醒：意識がはっきりと働きはじめること。

2 〔 隔世 〕 隔世：時代がへだたっていること。

3 〔 渋滞 〕 渋滞：物事の進行がとどこおること。

4 〔 縦隊 〕 縦隊：たてに並んだ隊形。

5 〔 検疫 〕 検疫：感染症の予防のため、他の地域から来た人や動植物を異状がないか調べたり、診断・消毒などをしたりすること。

6 〔 権益 〕 権益：権利と、それに付随するもうけ。

7 〔 旧姓 〕 旧姓：以前の氏。

8 〔 急逝 〕 急逝：突然に死ぬこと。

9 〔 犯 〕 犯す：法律や規則・道徳などに反する行為をする。

10 〔 冒 〕 冒す：困難などを承知で行動する。

読み

部首

熟語の構成

四字熟語

対義語・類義語

同音・同訓異字

誤字訂正

送りがな

書き取り

73

誤字訂正①

次の各文にまちがって使われている**同じ読みの漢字**が**一字**ある。
誤字と、**正しい漢字**を答えよ。

誤　　　正

☐☐ 1　家庭で車を購入する際はデザインや
乗車人数、金額に加えて、その車の
粘費を考慮する傾向にある。　　　　〔　〕→〔　〕

☐☐ 2　量子力学で有名な教授は、講義の度
に好奇心応盛な学生から矢継ぎ早に
質問を浴びせられた。　　　　　　　〔　〕→〔　〕

☐☐ 3　災害時の救助活動の現場では、電磁
波を利用して生存者の有無を調べる
人命探鎖装置が活躍している。　　　〔　〕→〔　〕

☐☐ 4　多くの擬性を払って手に入れた勝利
であることを後世に伝えるために石
碑を建てることにした。　　　　　　〔　〕→〔　〕

☐☐ 5　予測アルゴリズムの改良の結果、天
気予報の整度は高くなり、予報誤差
は小さくなりつつある。　　　　　　〔　〕→〔　〕

☐☐ 6　一人暮らしをしていた老人が認知傷
になり、介護が必要になったので、
施設に入ることになった。　　　　　〔　〕→〔　〕

☐☐ 7　日本では稲作が盛んになると、米を
貯造するための高床倉庫が建てられ
るようになった。　　　　　　　　　〔　〕→〔　〕

74

標準解答
誤　　正

解　説

読み

部首

熟語の構成

四字熟語

対義語・類義語

同音・同訓異字

誤字訂正

送りがな

書き取り

1 [粘]→[燃]　燃費：燃料1リットルに対する自動車の走行距離。

2 [応]→[旺]　旺盛：気力・体力などに勢いがあり、さかんなさま。

3 [鎖]→[査]　探査：様子をさぐり調べること。

4 [擬]→[犠]　犠牲：戦争や災難などで命を奪われたり、大きな被害を受けたりすること。

5 [整]→[精]　精度：人の仕事や機械などの正確さの度合い。

6 [傷]→[症]　認知症：脳の認知機能が低下し、日常生活に支障が出てくる状態。

7 [造]→[蔵]　貯蔵：物をたくわえておくこと。

75

誤字訂正②

次の各文にまちがって使われている**同じ読みの漢字**が**一字**ある。
誤字と、**正しい漢字**を答えよ。

誤　　正

☐☐ 1 豚の血液から未知のウイルスが発見
されたが、これは人には感染しない
ことが範明した。　　　　　　　　　〔　〕→〔　〕

☐☐ 2 折り紙で作った千羽鶴が平和の象兆
とされているのには、広島で被爆し
た少女が関わっている。　　　　　　〔　〕→〔　〕

☐☐ 3 事故で湖底に沈んだとされていた飛
行機の残害が発見され、多くの人の
関心を集めている。　　　　　　　　〔　〕→〔　〕

☐☐ 4 社会福祉の増進や保健衛生の進典に
貢献した人や団体を対象に、毎年市
民栄誉賞を贈呈している。　　　　　〔　〕→〔　〕

☐☐ 5 国際博覧会の開催を記念した貨弊
セットを販売したところ、申込者が
殺到したため抽選を行った。　　　　〔　〕→〔　〕

☐☐ 6 警察機関で働いた経験を基に推理作
家に転身した彼は、ヒット作品を連
発して貯名な小説家となった。　　　〔　〕→〔　〕

☐☐ 7 廃校により学社の取り壊しが決定さ
れたが、地域住民からの嘆願によっ
て再活用が検討され始めた。　　　　〔　〕→〔　〕

<table>
<tr><td>標準解答</td><td>解説</td></tr>
<tr><td>誤　　正</td><td></td></tr>
</table>

1 [範]→[判] 判明：事実がはっきりすること。

2 [兆]→[徴] 象徴：抽象的なものを、具象的なもので端的に表すこと。

3 [害]→[骸] 残骸：以前の形をとどめないほどに、焼けたりこわれたりしてのこっているもの。

4 [典]→[展] 進展：物事や事態が進行し発展すること。

5 [弊]→[幣] 貨幣：商品交換の仲立ちとして社会に流通するもの。

6 [貯]→[著] 著名：なまえが、世間に広く知られていること。

7 [社]→[舎] 学舎：学びや。学校。

読み／部首／熟語の構成／四字熟語／対義語・類義語／同音・同訓異字／誤字訂正／送りがな／書き取り

77

誤字訂正③

次の各文にまちがって使われている**同じ読み**の漢字が**一字**ある。
誤字と、**正しい漢字**を答えよ。

誤　　正

☐
☐ **1** 野球の練習中に足首を粘挫したと思って病院へ行ってみると、「剥離骨折」と診断された。 [ ]→[ ]

☐
☐ **2** 差別的な言動が名誉毀損にあたるとして社員が訴詔を起こし、役員は六百万円の損害賠償を命じられた。 [ ]→[ ]

☐
☐ **3** アマチュア写真家が散歩中に珍しい蛇に遭遇し、その希少な姿を撮映することに成功した。 [ ]→[ ]

☐
☐ **4** 金魚を飼うために購入した水層に太陽光で塩素を抜いた水を注ぎ、浄化作用が期待される草を入れた。 [ ]→[ ]

☐
☐ **5** 離陸後に機体の一部に損障のおそれがあると発覚したので、管制塔へ連絡して空港に戻ることにした。 [ ]→[ ]

☐
☐ **6** 感染症の中には、体中の筋肉が抗直して全身のけいれん発作が起きるなどの特異的な症状が出るものもある。 [ ]→[ ]

☐
☐ **7** 著名な詩人が、絵本の創作や翻訳の体験から日本語の擬音語や擬態語の独特の味力に気づいたと語った。 [ ]→[ ]

（標準解答）　　　　（解　説）
　誤　　正

読み

部首

熟語の構成

四字熟語

対義語・類義語

同音・同訓異字

誤字訂正

送りがな

書き取り

1 [粘]→[捻]　捻挫(ねんざ)：手足などの関節をひねってくじくこと。

2 [詔]→[訟]　訴訟(そしょう)：裁判を申し立てること。

3 [映]→[影]　撮影(さつえい)：写真や映画などをとること。

4 [層]→[槽]　水槽(すいそう)：水をためておく入れ物。

5 [障]→[傷]　損傷(そんしょう)：物や人体などをそこないきずつけること。

6 [抗]→[硬]　硬直(こうちょく)：体がかたくなって動かなくなること。

7 [味]→[魅]　魅力(みりょく)：人の心を引きつけ、夢中にさせる不思議な力。

誤字訂正④

次の各文にまちがって使われている**同じ読みの漢字**が**一字**ある。
誤字と、**正しい漢字**を答えよ。

誤　　　正

□
1 治安悪化に伴い身の代金目的での羅
□ 致が多発している現状を受け、政府　　[　]→[　]
に対策を求める声が上がっている。

□
2 明治初期に日本を出発した使節団は、
□ イギリス女王に閲見するなど諸外国　　[　]→[　]
を歴訪した後に帰国した。

□
3 歯の強正と一口に言っても、期間や
□ 費用の違いだけでなく多くの治療法　　[　]→[　]
があるので慎重に検討すべきだ。

□
4 請求棄却の判決を聞き不服の声を上
□ げた望聴人に対し、裁判長が退廷を　　[　]→[　]
命じて一時は騒然となった。

□
5 自宅から徒歩圏内にある大型商業施
□ 設で、息子が欲しがった昆虫飼育　　[　]→[　]
キットを控入した。

□
6 去年、友人と一緒に閑雅な奮囲気の
□ 古刹を巡ったが、趣のある景色が今　　[　]→[　]
でも忘れられない。

□
7 再生医療の分野に大手繊維メーカー
□ が続々と新規賛入し、事業で培って　　[　]→[　]
きた技術を商品開発に応用した。

（標準解答）　　　　（解　説）
誤　　正

読み

部首

熟語の構成

四字熟語

対義語・類義語

同音・同訓異字

誤字訂正

送りがな

書き取り

1　[羅]→[拉]　拉致：いやがる人を無理に連れ去ること。

2　[閲]→[謁]　謁見：身分の高い人に会うこと。

3　[強]→[矯]　矯正：欠点や悪いところを直してただしくすること。

4　[望]→[傍]　傍聴：会議や公判などを、当事者でない人がかたわらできくこと。

5　[控]→[購]　購入：買いいれること。

6　[奮]→[雰]　雰囲気：その場やそこにいる人から自然につくり出される気分。

7　[賛]→[参]　参入：新たに仲間や一員として加わること。

誤字訂正⑤

次の各文にまちがって使われている**同じ読み**の漢字が**一字**ある。
誤字と、**正しい漢字**を答えよ。

誤　　正

☐ ☐ 1　海外の王宮では、豪華な内装と共に王侯貴族の小像画や胸像などを鑑賞することができる。　〔　〕→〔　〕

☐ ☐ 2　四方を山と海に囲まれたこの城は天然の用塞ともいえ、滅多なことでは攻めこまれない。　〔　〕→〔　〕

☐ ☐ 3　その賞は著名な学者の遺言により設立され、経済や文学などの分野における功労者に将励として贈られる。　〔　〕→〔　〕

☐ ☐ 4　事故で土譲に浸透した化学物質が地下水を汚染してしまったため、近隣住民たちは公害訴訟を起こした。　〔　〕→〔　〕

☐ ☐ 5　風邪などで免疫力が低下すると、別の細菌に二次感染して肺炎などを並発し重症化する危険性がある。　〔　〕→〔　〕

☐ ☐ 6　震災により帰館困難区域に指定されていた町の避難指示が解除されたが、インフラ整備など問題は多い。　〔　〕→〔　〕

☐ ☐ 7　携帯電話が詐疑に悪用されることが増えたため、契約時の本人確認が義務づけられている。　〔　〕→〔　〕

標準解答　　　　　解　説
誤　　正

1　[小]→[肖]　肖像画：ある人の顔や姿を描いた絵。

2　[用]→[要]　要塞：とりで。

3　[将]→[奨]　奨励：よいことをすすめて、はげますこと。

4　[譲]→[壌]　土壌：地球の表面の岩石が分解し、生物がくさってできた有機物とまじり合ったもの。

5　[並]→[併]　併発：同じ時期におこること。

6　[館]→[還]　帰還：遠方や戦地などから戻ること。

7　[疑]→[欺]　詐欺：人をだまして、損害を与えたり違法な利益を得たりすること。

読み

部首

熟語の構成

四字熟語

対義語・類義語

同音・同訓異字

誤字訂正

送りがな

書き取り

誤字訂正⑥

次の各文にまちがって使われている**同じ読みの漢字**が**一字**ある。
誤字と、**正しい漢字**を答えよ。

誤　　正

□
□ 1　成績優秀な友人に生徒会長に立候補
　　することを打審したが、勉強に専念　［　］→［　］
　　したいと断られた。

□
□ 2　文明の発展のためには、大胆かつ新
　　しい発想で既成該念を打ち破らなけ　［　］→［　］
　　ればならない。

□
□ 3　的確な筆致と鮮細な色彩で描かれた
　　その水彩画は、写実的で優れた作品　［　］→［　］
　　と評価された。

□
□ 4　滞積岩は砂や火山灰、生物の遺骸な
　　どが海底で長年積み重なってできた　［　］→［　］
　　岩石の種類である。

□
□ 5　かつて強大な権力を誇った帝国では、
　　皇帝の直令により領内に居住する　［　］→［　］
　　人々へ市民権が与えられた。

□
□ 6　そのカードは、紙幣や硬貨を使わず
　　に電子情報の交換だけで代金が支払　［　］→［　］
　　える機能を統載している。

□
□ 7　台風などの災害時には、頑状な建物
　　に素早く避難することが重要だとい　［　］→［　］
　　われる。

標準解答
誤　正

解　説

1 [審]→[診]　打診：相手に軽く働きかけて様子を探ること。

2 [該]→[概]　概念：あるものに対して、頭に思い浮かべる本質的な内容やイメージ。

3 [鮮]→[繊]　繊細：感情などが鋭くこまやかな様子。

4 [滞]→[堆]　堆積：幾重にも高くつみかさなること。

5 [直]→[勅]　勅令：天皇や国王などの発した命令や法令。

6 [統]→[搭]　搭載：機器や車などに、ある機能・装備を組み込むこと。

7 [状]→[丈]　頑丈：がっしりとしていて強いさま。

誤字訂正⑦

次の各文にまちがって使われている**同じ読みの漢字**が**一字**ある。
誤字と、**正しい漢字**を答えよ。

誤　　正

□
□ 1
遠隔操作やプログラミングによる自動飛行などの機能を備えた無人提察機が、軍部で採用されている。
[　]→[　]

□
□ 2
兄が勤務する研究所では何種類もの細菌を陪養し、生命工学の新技術の開発に励んでいる。
[　]→[　]

□
□ 3
彼は補欠選手だったが、日々の丹錬を重ねる中で徐々に頭角を現すようになった。
[　]→[　]

□
□ 4
日本の酒づくりに関する歴史や、伝統的な蒸造技術を把握する目的で、大規模な調査を行った。
[　]→[　]

□
□ 5
未開の地を訪れた探検隊は、懐中電灯で洞屈の中を照らしながら怖々と先に進んだ。
[　]→[　]

□
□ 6
作物の生産地や原材料などをごまかす食品偽創が増加しており、消費者の食の安全が脅かされている。
[　]→[　]

□
□ 7
甲角類アレルギーは、アナフィラキシーを起こす頻度が高いので、給食での原材料の確認は必須だ。
[　]→[　]

標準解答
誤　正

解　説

1 [提]→[偵]
偵察：ひそかに敵や相手の情勢や行動を探ること。

2 [陪]→[培]
培養：微生物・動植物などを、人工的に増殖させること。

3 [丹]→[鍛]
鍛錬：訓練を積んで心身をみがくこと。

4 [蒸]→[醸]
醸造：穀物・果物などを発酵させて、酒などをつくること。

5 [屈]→[窟]
洞窟：崖や岩などにできた、ほらあな。

6 [創]→[装]
偽装：人の目をごまかす態度・行動などをとること。

7 [角]→[殻]
甲殻類：体がかたい殻でおおわれた節足動物。

読み

部首

熟語の構成

四字熟語

対義語・類義語

同音・同訓異字

誤字訂正

送りがな

書き取り

誤字訂正⑧

次の各文にまちがって使われている**同じ読み**の漢字が**一字**ある。
誤字と、**正しい漢字**を答えよ。

誤　　正

□
□ 1 　視覚障害者が安全に生活できるよう
補助する盲動犬にとって、人間との
信頼関係は重要とされている。　　　　[　]→[　]

□
□ 2 　火災の通報で出動し、消火線のそば
の安全な場所にポンプ車を停車させ
て、火元に向かって放水した。　　　　[　]→[　]

□
□ 3 　歓婚葬祭は人生の節目に行う大切な
慶弔儀式であるため、マナーや礼儀
作法を重視する人が多い。　　　　　　[　]→[　]

□
□ 4 　地震の後で、建物の構造部分に亀烈
が入っているのが見つかり、応急処
置を施して様子を見た。　　　　　　　[　]→[　]

□
□ 5 　希少な鉱物を資金源とする武装集団が
支配地域を拡大させつつあり、地元住
民は紛争の恐惑にさらされている。　　[　]→[　]

□
□ 6 　食品ロスは家庭からの廃機も原因な
ので、食材の無駄使いや過剰な購入
などを各家庭で見直すべきだ。　　　　[　]→[　]

□
□ 7 　複雑に変化する世界情勢を冷静に見
極めていく中で、新たな外交方針を
茂索する必要に迫られている。　　　　[　]→[　]

標準解答
誤　正

解　説

1 [動] → [導]　盲導犬：目の不自由な人の歩行や動作を助け みちびくように訓練された犬。

2 [線] → [栓]　消火栓：火を消すために必要な水を供給する 設備。

3 [歓] → [冠]　冠婚葬祭：祝い事やとむらい事などの儀式の 総称。
　✎「冠」は元服を表す。

4 [烈] → [裂]　亀裂：ひび割れ。さけめ。

5 [恐] → [脅]　脅威：強い力や勢いによって感じるおそろし さ。

6 [機] → [棄]　廃棄：不用なものとして捨てること。

7 [茂] → [模]　模索：あれこれ試みながら、物事をさぐるこ と。

読み

部首

熟語の構成

四字熟語

対義語・類義語

同音・同訓異字

誤字訂正

送りがな

書き取り

送りがな①

次の——線の**カタカナ**を**漢字一字**と**送りがな（ひらがな）**に直せ。
〈例〉問題に**コタエル**。〔 答える 〕

□□ 1　事故の損害を**ツグナウ**。　　　　　〔　　　　　〕

□□ 2　コップをテーブルの上に**フセル**。　〔　　　　　〕

□□ 3　雪解けに春の**キザシ**を感じる。　　〔　　　　　〕

□□ 4　**ウモレ**た人材を発掘する。　　　　〔　　　　　〕

□□ 5　自立する力を**ツチカウ**必要がある。〔　　　　　〕

□□ 6　服の袖が**スレル**のを防ぐ。　　　　〔　　　　　〕

□□ 7　小舟が波間に**タダヨウ**。　　　　　〔　　　　　〕

□□ 8　細い鎖が複雑に**カラマル**。　　　　〔　　　　　〕

□□ 9　努めて平静を**ヨソオッ**た。　　　　〔　　　　　〕

□□10　まだ若くて経験に**トボシイ**。　　　〔　　　　　〕

標準解答	解 説

1 [償う]
償う：相手に与えた損失やあやまちをうめ合わせる。

2 [伏せる]
伏せる：表面や上になる部分などを下にしておく。
他の例 伏す

3 [兆し]
兆し：物事が起こる前ぶれ。
他の例 兆す

4 [埋もれ]
埋もれる：世に知られないでいる。
他の例 埋める、埋まる
おくりがな✕ 埋れ

5 [培う]
培う：性質や能力を養い育てる。

6 [擦れる]
擦れる：物と物とが触れ合う。こすれる。
他の例 擦る

7 [漂う]
漂う：空中や水面に浮かんで揺れる。

8 [絡まる]
絡まる：巻きつく。もつれる。
他の例 絡む、絡める

9 [装っ]
装う：身仕度をする。本当は違うのに、そのように見せかける。

10 [乏しい]
乏しい：不足している。

読み / 部首 / 熟語の構成 / 四字熟語 / 対義語・類義語 / 同音・同訓異字 / 誤字訂正 / 送りがな / 書き取り

91

送りがな②

次の——線の**カタカナ**を**漢字一字**と**送りがな（ひらがな）**に直せ。
〈例〉問題に**コタエル**。〔 答える 〕

☐☐ 1 何か**ヒイデル**ものが欲しい。　　　　〔　　　〕

☐☐ 2 理不尽な要求を**コバム**。　　　　　　〔　　　〕

☐☐ 3 庭に自然石を**スエル**。　　　　　　　〔　　　〕

☐☐ 4 ナスをぬかみそに**ツケル**。　　　　　〔　　　〕

☐☐ 5 会議に遅れそうになり**アセル**。　　　〔　　　〕

☐☐ 6 かつて栄えた帝国が**ホロビル**。　　　〔　　　〕

☐☐ 7 紅葉が山を美しく**イロドル**。　　　　〔　　　〕

☐☐ 8 当時の記憶は**サダカデ**ない。　　　　〔　　　〕

☐☐ 9 **ナツカシイ**映像が流れた。　　　　　〔　　　〕

☐☐ 10 **ミニクイ**言い争いはやめよう。　　　〔　　　〕

標準解答　　　　　　解　説

1 [秀でる]　秀でる：特にすぐれる。
あるⓍ 秀いでる

2 [拒む]　拒む：ことわる。

3 [据える]　据える：動かないように置く。
他の例 据わる

4 [漬ける]　漬ける：そのもの全体を液体などの中に入れておく。
他の例 漬かる

5 [焦る]　焦る：思いどおりにならずに気をもむ。
他の例 焦げる、焦がす、焦がれる

6 [滅びる]　滅びる：絶えてなくなる。
他の例 滅ぼす

7 [彩る]　彩る：ほどよく色をつける。

8 [定かで]　定かだ：はっきりしている。
他の例 定める、定まる

9 [懐かしい]　懐かしい：しみじみと心がひかれるさま。
他の例 懐かしむ、懐く、懐ける　など

10 [醜い]　醜い：行動などが見苦しい。

読み

部首

熟語の構成

四字熟語

対義語・類義語

同音・同訓異字

誤字訂正

送りがな

書き取り

送りがな③

次の──線の**カタカナ**を**漢字一字**と**送りがな（ひらがな）**に直せ。
〈例〉問題に**コタエル**。〔 答える 〕

☐☐ **1** <u>イツワラ</u>ざる気持ちを伝える。 〔　　　　　〕

☐☐ **2** 甘い言葉で<u>ソソノカサ</u>れる。 〔　　　　　〕

☐☐ **3** 相手の話を<u>サエギル</u>のは失礼だ。 〔　　　　　〕

☐☐ **4** 悲しみに暮れる友人を<u>ナグサメル</u>。 〔　　　　　〕

☐☐ **5** 花を手向けて故人を<u>トムラウ</u>。 〔　　　　　〕

☐☐ **6** 健康を<u>オビヤカス</u>危険性がある。 〔　　　　　〕

☐☐ **7** 過疎で村は<u>スタレル</u>一方だ。 〔　　　　　〕

☐☐ **8** <u>アナドリ</u>難い相手と対戦する。 〔　　　　　〕

☐☐ **9** <u>ウヤウヤシク</u>お辞儀をした。 〔　　　　　〕

☐☐ **10** それは誤解も<u>ハナハダシイ</u>。 〔　　　　　〕

標準解答　　　　　解説

1 [偽ら]
偽る：うわべをとりつくろって見せかける。うそを言う。

2 [唆さ]
唆す：相手をおだてたりだましたりして、その気にさせて誘う。
ある✕ 唆かさ

3 [遮る]
遮る：進行を妨げる。
ある✕ 遮ぎる

4 [慰める]
慰める：いたわる。なだめる。
他の例 慰む

5 [弔う]
弔う：人の死をいたみ、冥福を祈る。

6 [脅かす]
脅かす：おどし恐れさせる。危うくする。
他の例 脅す、脅かす
ある✕ 脅やかす

7 [廃れる]
廃れる：衰える。
他の例 廃る

8 [侮り]
侮る：相手や物事を軽く見てばかにする。

9 [恭しく]
恭しい：敬いつつしんで丁重なさま。

10 [甚だしい]
甚だしい：度を越えている。
他の例 甚だ
ある✕ 甚しい

読み

部首

熟語の構成

四字熟語

対義語・類義語

同音・同訓異字

誤字訂正

送りがな

書き取り

95

送りがな④

次の──線の**カタカナ**を**漢字一字**と**送りがな（ひらがな）**に直せ。
〈例〉問題に**コタエル**。〔 答える 〕

□□ 1　人口が都市部に**カタヨル**。　　　〔　　　　　〕

□□ 2　完走した子どもを**ホメル**。　　　〔　　　　　〕

□□ 3　糸を**ツムグ**音が聞こえる。　　　〔　　　　　〕

□□ 4　観客を恐怖に**オトシイレル**映画だ。〔　　　　　〕

□□ 5　電車でお年寄りに席を**ユズル**。　〔　　　　　〕

□□ 6　海外への事業展開を**クワダテル**。〔　　　　　〕

□□ 7　度重なる失敗に**コリル**。　　　　〔　　　　　〕

□□ 8　うその情報で敵の目を**アザムク**。〔　　　　　〕

□□ 9　**マカナイ**つきのアルバイトをする。〔　　　　　〕

□□ 10　**ワズラワシイ**ことは避けて通る。〔　　　　　〕

1回目 /10問　2回目 /10問

▶▶▶ 2章
▶▶▶ 3章

（標準解答）　　　（解　説）

1 [偏る]　偏る：一方に寄り、全体の均衡を欠く。

2 [褒める]　褒める：よい物や行いを称賛する。

3 [紡ぐ]　紡ぐ：綿や繭から繊維を引き出し、よって糸にする。

4 [陥れる]　陥れる：どうにもならない状態にさせる。
他の例 陥る

5 [譲る]　譲る：自分のものを他人に与える。

6 [企てる]　企てる：物事を計画する。
よる✕ 企だてる

7 [懲りる]　懲りる：痛手を受けて、二度とやるまいと思う。
他の例 懲らす、懲らしめる

8 [欺く]　欺く：だます。

9 [賄い]　賄い：従業員の食事。

10 [煩わしい]　煩わしい：込み入っていてやっかいだ。
他の例 煩う
よる✕ 煩しい

読み　部首　熟語の構成　四字熟語　対義語・類義語　同音・同訓異字　誤字訂正　送りがな　書き取り

97

書き取り①

次の──線の**カタカナ**を**漢字**に直せ。

☐☐ 1 <u>ヒッス</u>科目の単位を落とす。 　　[　　　　]

☐☐ 2 <u>イス</u>に座ったまま伸びをする。 　　[　　　　]

☐☐ 3 河口に土が<u>タイセキ</u>する。 　　　　[　　　　]

☐☐ 4 チーターの体には<u>ハンテン</u>がある。[　　　　]

☐☐ 5 <u>ダンナ</u>が使用人に口やかましく言う。[　　　　]

☐☐ 6 <u>マンゲキョウ</u>の中の模様が美しい。[　　　　]

☐☐ 7 ひどい<u>スナアラシ</u>で前が見えない。[　　　　]

☐☐ 8 よく熟した<u>カキ</u>を味わう。 　　　　[　　　　]

☐☐ 9 <u>ドナベ</u>で炊いたご飯はおいしい。 　[　　　　]

☐☐ 10 舟に刻みて<u>ケン</u>を求む。 　　　　　[　　　　]

標準解答	解　説

1 〔 必須 〕

必須：絶対に欠かせないこと。
まちがえ× 須に注意。「彡」と「頁」が、左右逆になっている誤答が見られる。部首頁（おおがい）が右。

2 〔 椅子 〕

椅子：腰かけ。

3 〔 堆積 〕

堆積：幾重にも高くつみ重なること。
✏ 「堆積」の堆は「うずたかい。つみあげる。」という意味。

4 〔 斑点 〕

斑点：ぽつぽつとまばらに散らばる点。
まちがえ× 班点…班は「組み分けされたグループ」などの意味を表す別の漢字なので注意。

5 〔 旦那 〕

旦那：店の主人。自分の夫や他人の夫。
まちがえ× 旦に注意。且と混同しないこと。最後の1画は離れている。　○〔旦〕

6 〔 万華鏡 〕

万華鏡：筒の中をのぞきこみ、回転させながら、模様の変化を楽しむおもちゃ。
✏ 華（け）は高校で学習する音読み。**語例** 散華

7 〔 砂嵐 〕

砂嵐：すなやちりなどが強風により激しく吹き上げられ、空高くに舞い上がる気象現象。

8 〔 柿 〕

柿：カキノキ科の落葉高木。また、その果実。
まちがえ× つくりが「布」になっている誤答が多い。形をよく確認しよう。　×〔杮〕 ○〔柿〕

9 〔 土鍋 〕

土鍋：食物を煮炊きするための素焼きの器。
まちがえ× 鍋に注意。扌（つちへん）とする誤答が多い。鍋の部首は釒（かねへん）。　×〔堝〕 ○〔鍋〕

10 〔 剣 〕

舟に刻みて剣を求む：世の中の移り変わりに気づかず、古いしきたりにこだわろうとすること。

読み

部首

熟語の構成

四字熟語

対義語・類義語

同音・同訓異字

誤字訂正

送りがな

書き取り

99

書き取り②

次の――線の**カタカナ**を**漢字**に直せ。

☐☐ 1 感動的な話に**ルイセン**が緩んだ。　［　　　］

☐☐ 2 **アイサツ**は対人関係の基本である。　［　　　］

☐☐ 3 **アイマイ**な言葉でお茶を濁した。　［　　　］

☐☐ 4 壮大な自然の営みを**イフ**する。　［　　　］

☐☐ 5 **ガロウ**でお気に入りの絵を見つける。　［　　　］

☐☐ 6 **ニジイロ**に輝くシールを貼る。　［　　　］

☐☐ 7 全力で走ると**ワキバラ**が痛くなった。　［　　　］

☐☐ 8 県大会での入賞を**ネラ**う。　［　　　］

☐☐ 9 剣道部の**モサ**としてならした。　［　　　］

☐☐ 10 名は**タイ**を表す。　［　　　］

標準解答　　解説

1 　涙腺
涙腺：なみだを分泌する器官。
✎ 腺は「すじ。体液の分泌作用を営む器官。」という意味を持つ。**語例** 乳腺

2 　挨拶
挨拶：人と顔を合わせたり別れたりするときの社交的な言葉や動作。

3 　曖昧
曖昧：はっきりしないさま。
✎ 曖は「おおいかくす」という意味を持つ。部首は日（ひへん）。

4 　畏怖
畏怖：震えるほどのおそれを感じること。
ある✕ 畏に注意。下部分が「衣」になっている誤りが目立つ。

5 　画廊
画廊：絵などを陳列する所。
ある✕ 廊に注意。4画目が抜けている誤答が多い。

6 　虹色
虹色：にじが描く七色の色彩。
ある✕ 虹に注意。つくりが間違っている誤答が目立つ。形をよく確認しよう。

7 　脇腹
脇腹：よこばら。
ある✕ 脇に注意。つくりの形は「力」のように上につきぬけること。

8 　狙
狙う：目標を定める。めざす。
ある✕ 似た形を持つ阻、祖との書き誤りが目立つ。狙の部首は犭（けものへん）。

9 　猛者
猛者：勇敢ですぐれた技を持ち、精力的に活動する人。
✎ 「猛者」は高校で学習する熟字訓・当て字。

10 　体
名は体を表す：名前がそのものの本質を表しているということ。

読み / 部首 / 熟語の構成 / 四字熟語 / 対義語・類義語 / 同音・同訓異字 / 誤字訂正 / 送りがな / 書き取り

書き取り③

次の──線の**カタカナ**を**漢字**に直せ。

□□ 1 愛犬はいつも食欲**オウセイ**だ。 [　　　]

□□ 2 組織内の**キレツ**が深まった。 [　　　]

□□ 3 規則の**ケイガイ**化を防ぐよう努力する。 [　　　]

□□ 4 合宿中に肩を**ダッキュウ**してしまった。 [　　　]

□□ 5 **フキン**を漂白して干す。 [　　　]

□□ 6 何の**コンセキ**もとどめていない。 [　　　]

□□ 7 城の周りには**ホリ**が巡らされている。 [　　　]

□□ 8 **マクラモト**に時計を置いて寝る。 [　　　]

□□ 9 **アキラ**めたらそこで終わりだ。 [　　　]

□□ 10 **ツル**の一声。 [　　　]

標準解答　　**解 説**

1 [旺盛]
旺盛：気力・体力などに勢いがあり、さかんなさま。
✐ 旺、盛いずれも「勢いが強い」という意味。

2 [亀裂]
亀裂：ひび割れ。転じて、人間関係の隔たり。
✐ 亀は、動物の「かめ」以外に、「ひび。あかぎれ。」という意味を持つ。

3 [形骸]
形骸：実質的な内容が失われて、かたちだけになったもの。
✐ 骸は「むくろ。なきがら。」という意味を持つ。

4 [脱臼]
脱臼：骨の関節がはずれること。
✐ 臼は「うす。また、うすの形をしたもの。」という意味を持つ。

5 [布巾]
布巾：食卓や食器などをふく小さいぬの。

6 [痕跡]
痕跡：過去に何かがあったことを示すあと。
誤答✕ 根跡…根は「草木のね。物事のねもと。」などの意味を表す別の漢字。

7 [堀]
堀：地面を掘って、水をためたところ。

8 [枕元]
枕元：寝ている人のまくらのそば。
誤答✕ 枕に注意。机や杭と混同した誤答が目立つ。つくりの形をよく確認しよう。　枕

9 [諦]
諦める：見込みがないと断念する。
誤答✕ 締める…締と混同した誤答が目立つ。諦は部首が 言（ごんべん）、締は 糸（いとへん）。

10 [鶴]
鶴の一声：有力者や権威ある人の一言。
誤答✕ 左部分の形を確認しよう。3画目は2画目をつきぬけて左下へはらう。　✕鶴　○鶴

読み／部首／熟語の構成／四字熟語／対義語・類義語／同音・同訓異字／誤字訂正／送りがな／書き取り

書き取り④

次の——線の**カタカナ**を**漢字**に直せ。

□□ 1 **チミツ**な計画を練り上げる。　　　[　　]

□□ 2 告発により事件が**オモテザタ**になる。[　　]

□□ 3 **ザセツ**を繰り返して大人になる。　[　　]

□□ 4 社長自らが**サイハイ**を振る。　　　[　　]

□□ 5 **セツナ**的な生き方を反省する。　　[　　]

□□ 6 **シイ**的な判断が混乱をもたらす。　[　　]

□□ 7 おでんの**クシ**を手に取る。　　　　[　　]

□□ 8 犬と子どもが**タワム**れる。　　　　[　　]

□□ 9 公園に美しい**フジダナ**がある。　　[　　]

□□ 10 恥の**ウワヌ**り。　　　　　　　　　[　　]

1回目	2回目
/10問	/10問

標準解答

解 説

読み

部首

熟語の構成

四字熟語

対義語・類義語

同音・同訓異字

誤字訂正

送りがな

書き取り

1 緻密

緻密：細部まで手落ちがないこと。
✎ 緻は「きめこまかい。くわしい。」という意味を持つ。部首は糹（いとへん）。

2 表沙汰

表沙汰：事柄が世間に公然と知れわたること。

3 挫折

挫折：計画などが途中でだめになること。
✎「挫折」の挫は「くじける。勢いがなくなる。」という意味。部首は扌（てへん）。

4 采配

采配：指揮。
✎「采配を振る」は「指図する」という意味の慣用句。

5 刹那

刹那：ごく短い時間。
✎「刹那的」は今の瞬間だけを充実させて、あとさきを考えずに生きるさま。

6 恣意

恣意：自分勝手な考え。
✎ 恣は「ほしいまま。勝手気ままにする。」という意味。

7 串

串：竹や鉄の細い棒の先をとがらせたもの。
誤る✕ 駆使…「駆使」は「自由に使いこなすこと」という意味の別語。

8 戯

戯れる：遊び楽しむ。ふざける。
誤る✕ 劇と混同しないこと。戯の部首は戈（ほこづくり・ほこがまえ）。　劇✕　戯〇

9 藤棚

藤棚：木や竹を組んでフジのつるをはわせ、垂れ下がる花を観賞できるようにしたもの。

10 上塗

恥の上塗り：恥をかいたうえに、また恥をかくこと。

書き取り⑤

次の――線の**カタカナ**を**漢字**に直せ。

☐☐ 1 <u>シット</u>の気持ちをこらえて祝福する。　[　　　]

☐☐ 2 因習の<u>ジュバク</u>から解放される。　[　　　]

☐☐ 3 <u>ジンゾウ</u>に炎症があると診断された。　[　　　]

☐☐ 4 <u>カクセイ</u>剤を厳しく取り締まる。　[　　　]

☐☐ 5 <u>セキツイ</u>を痛めて病院へ行く。　[　　　]

☐☐ 6 <u>ヨイヤミ</u>が迫り、家路を急ぐ。　[　　　]

☐☐ 7 山中で<u>ワ</u>き水を発見した。　[　　　]

☐☐ 8 <u>サルシバイ</u>を見せられ閉口する。　[　　　]

☐☐ 9 どこからか<u>サワ</u>やかな風が吹いてきた。　[　　　]

☐☐ 10 <u>ギ</u>を見てせざるは勇無きなり。　[　　　]

標準解答	解　説

読み / 部首 / 熟語の構成 / 四字熟語 / 対義語・類義語 / 同音・同訓異字 / 誤字訂正 / 送りがな / 書き取り

1 嫉妬
嫉妬：自分よりすぐれていたり恵まれていたりする者を、うらやみねたむこと。

2 呪縛
呪縛：心理的に制限して自由を奪うこと。
ある✕ 縛に注意。13画目の点が欠けている誤答が多いので、注意しよう。　縛

3 腎臓
腎臓：尿の排せつをつかさどる器官。
ある✕ 賢臓…賢と混同した誤答が多い。下部分の形をよく確認しよう。

4 覚醒
覚醒：目をさますこと。意識がはっきりすること。
ある✕ 醒に注意。8〜11画目の「日」が抜けている誤答が目立つ。　酲✕　醒○

5 脊椎
脊椎：背骨。
✎「脊椎」の椎は「せぼね」という意味。

6 宵闇
宵闇：夕やみ。
ある✕ 宵に注意。「肖」が「月」になっている誤答が多い。　宵✕　宵○

7 湧
湧き水：地下から自然にわき出てくる水。
ある✕ 沸き水…「沸く」は「水が煮立って湯気が盛んに出る」という意味の別語。

8 猿芝居
猿芝居：すぐに見破られてしまうような浅はかな企て。

9 爽
爽やか：すがすがしく気持ちのよいさま。
ある✕ 2〜9画目は「人」を4つではなく「×」を4つ書く。　爽✕　爽○

10 義
義を見てせざるは勇無きなり：人として当然の行動とわかっているのに行わないのは、勇気がないからだということ。

書き取り⑥

次の――線の**カタカナ**を**漢字**に直せ。

□□ 1 手分けして客室ごとに**ハイゼン**する。[   ]

□□ 2 現場に**ケッコン**が残されていた。 [   ]

□□ 3 **ドウコウ**の大きさは明るさで変わる。[   ]

□□ 4 **セイトン**された部屋でくつろぐ。 [   ]

□□ 5 **ハンヨウ**性の高い素材を使う。 [   ]

□□ 6 **シンボク**を深めるために食事会を開く。[   ]

□□ 7 ハエが**イノチゴ**いのように手を擦る。[   ]

□□ 8 市町村合併の**ワクグ**みを作る。 [   ]

□□ 9 汚い言葉で他人を**ノノシ**る。 [   ]

□□ 10 **ミョウリ**に尽きる。 [   ]

1回目	2回目
/10問	/10問

(標準解答)　　(解　説)

1 [配膳]
配膳：料理を客の前に出すこと。
誤答× 膳に注意。膳の部首は月（にくづき）であり、酉（とりへん）ではない。 〇膳

2 [血痕]
血痕：血液のついたあと。
誤答× 血跡…跡は「あしあと。物が通ったあと。」という意味を表す別の漢字。

3 [瞳孔]
瞳孔：眼球の虹彩の中央にある穴。
✎「瞳孔」の孔は「あな。すきま。」という意味。**語例** 気孔、眼孔

4 [整頓]
整頓：乱れたものをきちんと片づけ、ととのえること。
✎「整頓」の頓は「ととのえる」という意味。

5 [汎用]
汎用：さまざまなものに使えること。

6 [親睦]
親睦：互いにむつみあい、仲よくすること。
✎睦は「むつまじい。仲よくする。」という意味を持つ。

7 [命乞]
命乞い：殺さないでほしいと頼むこと。

8 [枠組]
枠組み：だいたいの構成。
誤答× 粋組み…似た形を持つ粋との書き誤りが目立つ。枠の部首は木（きへん）。

9 [罵]
罵る：わるくちを言い立てる。
誤答× 蔑る…蔑は「さげすむ。ないがしろにする。」という意味を表す別の漢字。

10 [冥利]
冥利に尽きる：自分の身分で受け取る恩恵として、これ以上の幸せはないと思うこと。

読み①

次の——線の**漢字の読み**を**ひらがな**で記せ。

□□ 1 力士が四股を踏む。 [ ]

□□ 2 健康診断で胃に潰瘍が見つかった。 [ ]

□□ 3 その件は寡聞にして存じません。 [ ]

□□ 4 錦秋の候、いかがお過ごしですか。 [ ]

□□ 5 古いカメラにフィルムを装填する。 [ ]

□□ 6 仕事の進捗状況を報告する。 [ ]

□□ 7 愚弄されるいわれはない。 [ ]

□□ 8 天をも畏れぬ行為を糾問する。 [ ]

□□ 9 危険な賭けに出る。 [ ]

□□ 10 少女はつぶらな瞳で、こちらを見つめた。 [ ]

	標準解答	解　説
1	しこ	四股：力士が、足を交互に高く上げ、力を入れて踏みおろす動作。 あるあるX しし…「しし」と読むのは「四肢」。
2	かいよう	潰瘍：皮膚や粘膜の組織の一部が深部まで崩れてただれること。
3	かぶん	寡聞：自分の知識や見聞が少ないこと。
4	きんしゅう	錦秋：紅葉が錦のように美しい秋。 あるあるX めんしゅう…「めん」と読むのは別字の「綿」。部首が異なることに注意。
5	そうてん	装填：内部につめて備えること。
6	しんちょく	進捗：物事がはかどること。 あるあるX しんしょう…「しょう」と読むのは、別字の「渉」。
7	ぐろう	愚弄：人をばかにして、からかうこと。
8	おそ	畏れる：近づきがたいものとして敬う。
9	か	賭け：結果は運にまかせて、思い切って行動すること。
10	ひとみ	瞳：光線が眼球の中へ入る目の中の黒い部分。

読み

部首

熟語の構成

四字熟語

対義語・類義語

同音・同訓異字

誤字訂正

送りがな

書き取り

読み②

次の——線の**漢字の読み**を**ひらがな**で記せ。

☐☐ 1 抗議の声を<u>一蹴</u>した。 [　　　]

☐☐ 2 外壁の一部が<u>剝落</u>していた。 [　　　]

☐☐ 3 かつてここに大きな<u>城塞</u>が築かれた。 [　　　]

☐☐ 4 商店街の店は<u>閑古鳥</u>が鳴いていた。 [　　　]

☐☐ 5 サケの群れが川を<u>遡上</u>する。 [　　　]

☐☐ 6 <u>椎間板</u>ヘルニアの手術を受けた。 [　　　]

☐☐ 7 世間の評判など<u>歯牙</u>にもかけない。 [　　　]

☐☐ 8 <u>鍋</u>に材料を入れて火にかける。 [　　　]

☐☐ 9 思わず話が<u>脇道</u>にそれた。 [　　　]

☐☐ 10 的に<u>狙</u>いを定めて弓を引く。 [　　　]

標準解答　　　　　　解　説

1 ［ いっしゅう ］ 一蹴：相手の願いや要求を全く取り合わないで、はねつけること。

2 ［ はくらく ］ 剝落：はがれて落ちること。

3 ［ じょうさい ］ 城塞：外敵を防ぐための城やとりで。

4 ［ かんこどり ］ 閑古鳥：カッコウの別称。
✏「閑古鳥が鳴く」で、「人が訪れずさびれた様子」という意味。

5 ［ そじょう ］ 遡上：流れに逆らってのぼること。

6 ［ ついかんばん ］ 椎間板：背骨を形づくる椎骨と椎骨とをつなぐ円板状の軟骨組織。

7 ［ しが ］ 歯牙：歯ときば。くちさき。言論。
✏「歯牙にもかけない」で、「全く取り合わない」という意味。

8 ［ なべ ］ 鍋：食物を煮炊きする器。

9 ［ わきみち ］ 脇道：本筋から関係ない方面のたとえ。

10 ［ ねら ］ 狙い：目標を定めること。
まる✖ ねらい…送りがなまで書いている誤答が多い。──線部分をよく確認しよう。

読み

部首

熟語の構成

四字熟語

対義語・類義語

同音・同訓異字

誤字訂正

送りがな

書き取り

読み③

次の——線の**漢字の読み**を**ひらがな**で記せ。

□ 1 若い頃、ある詩人に惑溺していた。　［　　　　］

□ 2 細緻を極めた作品をめでる。　　　　［　　　　］

□ 3 風船にヘリウムガスを充塡する。　　［　　　　］

□ 4 故郷の母に思慕の念を抱く。　　　　［　　　　］

□ 5 荘重な音楽がホールを満たす。　　　［　　　　］

□ 6 恩師の訃報に心を痛める。　　　　　［　　　　］

□ 7 橋桁を渡す工事が行われる。　　　　［　　　　］

□ 8 横になって肘枕をする。　　　　　　［　　　　］

□ 9 空を見上げると美しい虹があった。　［　　　　］

□10 僅かな気の緩みが事故を招く。　　　［　　　　］

(標準解答)　　(解 説)

1 [わくでき]
惑溺：あることに夢中になり、正気の判断を失うこと。
語例 溺愛

2 [さいち]
細緻：注意が行き届いていて、手抜かりのないさま。

3 [じゅうてん]
充填：空いたところに物を満たすこと。
ある✕ じゅうちん…「ちん」と読むのは別字の「鎮」。部首が異なることに注意。

4 [しぼ]
思慕：思いしたうこと。

5 [そうちょう]
荘重：おごそかで重々しいこと。

6 [ふほう]
訃報：人が死んだ知らせ。
ある✕ とほう…訃に「と」の読みはない。同じ形を持つ「赴」も音読みは「ふ」。

7 [はしげた]
橋桁：橋ぐいの上に渡して、橋板を支える材。

8 [ひじまくら]
肘枕：自分の片方のひじを曲げて頭をのせ、まくらの代わりにすること。

9 [にじ]
虹：雨上がりなどに、太陽の反対方向の空中に弧を描く七色の帯。

10 [わず]
僅か：ほんの少し。
ある✕ わずか…送りがなまで書いている誤答が多い。——線部分をよく確認しよう。

読み
部首
熟語の構成
四字熟語
対義語・類義語
同音・同訓異字
誤字訂正
送りがな
書き取り

115

読み④

次の——線の**漢字の読み**を**ひらがな**で記せ。

☐☐ 1　<u>悪辣</u>な商法で巨利をつかんだ。　　［　　　］

☐☐ 2　祖父は毎日、<u>早暁</u>の海岸を歩いている。　　［　　　］

☐☐ 3　<u>激甚</u>な競争をくぐり抜けてきた。　　［　　　］

☐☐ 4　歴史小説中の<u>白眉</u>とされる。　　［　　　］

☐☐ 5　表情から彼の<u>苦衷</u>を察する。　　［　　　］

☐☐ 6　法事の<u>施主</u>を務める。　　［　　　］

☐☐ 7　ご<u>叱正</u>をいただければ幸いです。　　［　　　］

☐☐ 8　頭を下げて許しを<u>乞</u>う。　　［　　　］

☐☐ 9　ハリウッドのトップスターに<u>憧</u>れる。　　［　　　］

☐☐ 10　恐怖に駆られて<u>尻込</u>みした。　　［　　　］

1回目	2回目
/10問	/10問

標準解答　　　　　解説

1 [あくらつ] 悪辣：やり方があくどいこと。

2 [そうぎょう] 早暁：夜明けの頃。

3 [げきじん] 激甚：非常にはげしいこと。
語例 甚大

4 [はくび] 白眉：多くの中で最もすぐれた人や物のたとえ。

5 [くちゅう] 苦衷：苦しい心のうち。つらさ。

6 [せしゅ] 施主：葬式や法事などの主催者。

7 [しっせい] 叱正：文章を訂正、添削すること。

8 [こ] 乞う：他人にものをねだり求める。

9 [あこが] 憧れる：理想とする人や物事・状況などに強く心を引かれる。

10 [しりご] 尻込み：あることをするのをためらうこと。

117

読み⑤

次の──線の**漢字の読み**を**ひらがな**で記せ。

□□ 1 慢性的な<u>疾病</u>に悩まされている。 [   ]

□□ 2 布をかけて光を<u>遮蔽</u>する。 [   ]

□□ 3 彼には天から<u>賦与</u>された才能がある。[   ]

□□ 4 その彫刻は美の<u>権化</u>と評された。 [   ]

□□ 5 お守りのご<u>利益</u>に期待する。 [   ]

□□ 6 勝つために<u>定石</u>を覚える。 [   ]

□□ 7 敵の<u>牙城</u>に攻め入る緊迫した場面だ。[   ]

□□ 8 <u>闇雲</u>に突っ走るのは危険だ。 [   ]

□□ 9 外壁に<u>艶消</u>しの仕上げをする。 [   ]

□□ 10 <u>麓</u>に小さな集落がある。 [   ]

1 [しっぺい]
疾病：やまい。
ある× えきびょう…「えきびょう」と読むのは「疫病」。意味は「悪性の流行病」。

2 [しゃへい]
遮蔽：他から見えないように、おおい隠すこと。

3 [ふよ]
賦与：配り分け与えること。特に、神が分け与えること。

4 [ごんげ]
権化：ある性質が、具体的な形になって、人や物に現れていること。

5 [りやく]
ご利益：仏などが、人間に与える恵み。
ある× りえき…「りえき」と読むと「ためになること。もうけ。」という意味の別語になる。

6 [じょうせき]
定石：囲碁で、最も有利とされている決まった石の打ち方。

7 [がじょう]
牙城：本拠地。

8 [やみくも]
闇雲：深く考えることもせずに物事を行うこと。

9 [つやけし]
艶消し：表面の光沢をなくすこと。

10 [ふもと]
麓：山の下の辺り。山のすそ。

読み 部首 熟語の構成 四字熟語 対義語・類義語 同音・同訓異字 誤字訂正 送りがな 書き取り

次の――線の**漢字の読み**を**ひらがな**で記せ。

☐☐ 1　しばらく彼から<u>音沙汰</u>がない。　　　［　　　］

☐☐ 2　恐ろしい映像を見て<u>慄然</u>とした。　　　［　　　］

☐☐ 3　最近は二番<u>煎</u>じのような作品が多い。［　　　］

☐☐ 4　<u>怨霊</u>が登場する物語を読む。　　　　　［　　　］

☐☐ 5　裏切りにより組織が<u>瓦解</u>していった。［　　　］

☐☐ 6　台風は町に<u>潰滅</u>的な打撃を与えた。　［　　　］

☐☐ 7　講義で東洋哲学について<u>汎論</u>する。　［　　　］

☐☐ 8　狩った動物の皮を<u>剝</u>ぐ。　　　　　　　［　　　］

☐☐ 9　ユリの花が<u>匂</u>う。　　　　　　　　　　　［　　　］

☐☐ 10　失言した大臣がマスコミの<u>餌食</u>となる。［　　　］

標準解答　　　　　解　説

1 [おとさた] 音沙汰：便り。

2 [りつぜん] 慄然：恐ろしさにぞっとするさま。

3 [せん] 二番煎じ：前の繰り返しで、魅力を感じさせないもののたとえ。

4 [おんりょう] 怨霊：うらみを抱いて死んだ人の霊。
よる✕ おんれい
語例 悪霊

5 [がかい] 瓦解：一部分の崩れから、組織全体が崩れること。

6 [かいめつ] 潰滅：すっかり壊れて、なくなること。

7 [はんろん] 汎論：広く全体にわたって論じること。

8 [は] 剝ぐ：むき取る。取り去る。

9 [にお] 匂う：よい香りが漂う。
よる✕ におう…送りがなまで書いている誤答が多い。——線部分をよく確認しよう。

10 [えじき] 餌食：人の欲望や利益の犠牲となるもの。

読み / 部首 / 熟語の構成 / 四字熟語 / 対義語・類義語 / 同音・同訓異字 / 誤字訂正 / 送りがな / 書き取り

次の——線の**漢字の読み**を**ひらがな**で記せ。

1 自分は<u>愚昧</u>な人間だと卑下する。　　[　　　]

2 古代の<u>象牙</u>の彫刻が発見された。　　[　　　]

3 大願成就のため<u>参籠</u>する。　　[　　　]

4 その国の経済力は大国に<u>比肩</u>する。　　[　　　]

5 <u>湯治</u>のために温泉地を訪れる。　　[　　　]

6 王女が<u>妖艶</u>な笑みを浮かべる。　　[　　　]

7 人混みの<u>間隙</u>を縫って進む。　　[　　　]

8 柱に飼い猫の<u>爪痕</u>がある。　　[　　　]

9 川で<u>溺</u>れている子どもを助ける。　　[　　　]

10 郵便はがきに<u>宛先</u>を書く。　　[　　　]

標準解答　　　解　説

読み

部首

熟語の構成

四字熟語

対義語・類義語

同音・同訓異字

誤字訂正

送りがな

書き取り

1 [ぐまい]
愚昧：おろかで道理のわからないこと。
よるX ぐみ…「み」と読むのは別字の「味」。部首が異なることに注意。

2 [ぞうげ]
象牙：象の上あごにある二本の長いきば。

3 [さんろう]
参籠：一定期間、神社・寺院に昼夜こもって祈願すること。

4 [ひけん]
比肩：肩を並べること。

5 [とうじ]
湯治：温泉に入って、病気などの療養をすること。

6 [ようえん]
妖艶：なまめかしく美しいさま。

7 [かんげき]
間隙：すきま。あいだ。

8 [つめあと]
爪痕：爪でひっかいた痕。
よるX こんせき…「こんせき」と読むのは「痕跡」。

9 [おぼ]
溺れる：水中で、息ができずに死にそうになる。

10 [あてさき]
宛先：郵便物などの送り先の住所や氏名。

読み⑧

次の──線の**漢字の読み**を**ひらがな**で記せ。

□□ 1 記者団を前に傲然と構える。 [　　　]

□□ 2 好餌に釣られ頼みごとを引き受けた。 [　　　]

□□ 3 各派閥の領袖が会合を開く。 [　　　]

□□ 4 生きるために凄絶な争いを繰り広げる。 [　　　]

□□ 5 色白で痩身の青年だ。 [　　　]

□□ 6 新国王の戴冠式が行われた。 [　　　]

□□ 7 生命を賭するような冒険をしてみたい。 [　　　]

□□ 8 競争相手が嘲るように笑った。 [　　　]

□□ 9 葛餅を冷やして食べる。 [　　　]

□□ 10 膝詰め談判して同意を得る。 [　　　]

標準解答 | 解 説

読み

部首

熟語の構成

四字熟語

対義語・類義語

同音・同訓異字

誤字訂正

送りがな

書き取り

1 　ごうぜん　
傲然：おごりたかぶるさま。

2 　こうじ　
好餌：人を巧みに誘惑する手段。
よみ✕ えじき…「えじき」と読むのは「餌食」。
意味は「欲望の犠牲となるもの」。

3 　りょうしゅう　
領袖：集団を統率して長となる人物。

4 　せいぜつ　
凄絶：この上ないほどすさまじいさま。

5 　そうしん　
痩身：やせた体。
語例 肥痩

6 　たいかん　
戴冠：国王や皇帝が、即位後はじめて王冠を頭にのせること。

7 　と　
賭する：何かのために大事なものを犠牲にする。

8 　あざけ　
嘲る：人をばかにして悪く言ったり、笑ったりする。

9 　くずもち　
葛餅：葛粉を材料とした餅菓子。

10 　ひざづ　
膝詰め：相手が逃げられないようにして、厳しく迫る様子。

読み⑨

次の——線の**漢字の読み**を**ひらがな**で記せ。

☐☐ 1 事故の影響は<u>広汎</u>に及んだ。 〔　　　〕

☐☐ 2 彼女はこちらを見て<u>艶然</u>とほほえんだ。 〔　　　〕

☐☐ 3 <u>験</u>を担ぐために、豚カツを食べる。 〔　　　〕

☐☐ 4 師のもとで人格が<u>陶冶</u>された。 〔　　　〕

☐☐ 5 野菜を育てるために<u>沃土</u>を耕す。 〔　　　〕

☐☐ 6 最新の<u>紡織</u>機械が導入された。 〔　　　〕

☐☐ 7 お祝いに<u>一献</u>いかがですか。 〔　　　〕

☐☐ 8 宝石が<u>妖</u>しく輝いていた。 〔　　　〕

☐☐ 9 目の前のごちそうに<u>生唾</u>が出る。 〔　　　〕

☐☐ 10 ボランティア活動の<u>裾野</u>が広がる。 〔　　　〕

標準解答 | 解 説

読み

1 [こうはん] 広汎：範囲の広いこと。

2 [えんぜん] 艶然：あでやかににっこりと笑うさま。

3 [げん] 験：神仏などの御利益。縁起。
ある✕ けん
語例 修験道

4 [とうや] 陶冶：才能・素質を引き出し、人材を育てること。
ある✕ とうち…「ち」と読むのは別字の「治」。

5 [よくど] 沃土：地味が肥え、作物の多くできる土地。

6 [ぼうしょく] 紡織：糸をつむぐことと、布を織ること。

7 [いっこん] 一献：杯に一回つぐこと。転じて酒をふるまうこと。

8 [あや] 妖しい：なまめかしい魅力があって、人をまどわすようである。

9 [なまつば] 生唾：うまそうなものやすっぱいものを見たとき、また強く緊張したときなどに自然に出てくる唾液。

10 [すその] 裾野：活動や関係が及ぶ範囲。

部首

熟語の構成

四字熟語

対義語・類義語

同音・同訓異字

誤字訂正

送りがな

書き取り

127

部首①

次の漢字の**部首**を記せ。
〈例〉菜 〔 艹 〕 間 〔 門 〕

☐☐ 1 麗　　　　　　　　　　　〔　　　〕

☐☐ 2 充　　　　　　　　　　　〔　　　〕

☐☐ 3 旋　　　　　　　　　　　〔　　　〕

☐☐ 4 矛　　　　　　　　　　　〔　　　〕

☐☐ 5 缶　　　　　　　　　　　〔　　　〕

☐☐ 6 蛍　　　　　　　　　　　〔　　　〕

☐☐ 7 弔　　　　　　　　　　　〔　　　〕

☐☐ 8 竜　　　　　　　　　　　〔　　　〕

☐☐ 9 呉　　　　　　　　　　　〔　　　〕

☐☐ 10 貌　　　　　　　　　　　〔　　　〕

標準解答　　　　　解説

1 [鹿]
部首(部首名) 鹿（しか）
✎ 鹿の漢字例：鹿

2 [儿]
部首(部首名) 儿（ひとあし・にんにょう）
✎ 儿の漢字例：免、党、児　など

3 [方]
部首(部首名) 方（ほうへん・かたへん）
✎ 方の漢字例：施、旗、族　など
よく出るX 疋（ひき）ではない。

4 [矛]
部首(部首名) 矛（ほこ）
✎ 常用漢字で矛を部首とする漢字は矛のみ。

5 [缶]
部首(部首名) 缶（ほとぎ）
✎ 常用漢字で缶を部首とする漢字は缶のみ。
よく出るX 山（やま）ではない。

6 [虫]
部首(部首名) 虫（むし）
✎ 虫の漢字例：蜜、融、蛮　など

7 [弓]
部首(部首名) 弓（ゆみ）
✎ 弓の漢字例：弓、弱、弟

8 [竜]
部首(部首名) 竜（りゅう）
✎ 常用漢字で竜を部首とする漢字は竜のみ。
よく出るX 立（たつ）ではない。

9 [口]
部首(部首名) 口（くち）
✎ 口の漢字例：呂、哀、吉　など

10 [豸]
部首(部首名) 豸（むじなへん）
✎ 常用漢字で豸を部首とする漢字は貌のみ。

読み　部首　熟語の構成　四字熟語　対義語・類義語　同音・同訓異字　誤字訂正　送りがな　書き取り

次の漢字の**部首**を記せ。
〈例〉菜 〔 ⧾ 〕 間 〔 門 〕

□□ 1 企 　　　　　　　　　〔 　　 〕

□□ 2 隷 　　　　　　　　　〔 　　 〕

□□ 3 呈 　　　　　　　　　〔 　　 〕

□□ 4 臼 　　　　　　　　　〔 　　 〕

□□ 5 窯 　　　　　　　　　〔 　　 〕

□□ 6 亀 　　　　　　　　　〔 　　 〕

□□ 7 褒 　　　　　　　　　〔 　　 〕

□□ 8 凸 　　　　　　　　　〔 　　 〕

□□ 9 存 　　　　　　　　　〔 　　 〕

□□ 10 賓 　　　　　　　　　〔 　　 〕

(標準解答)   (解　説)

1 [ハ]
部首(部首名) ハ（ひとやね）
✎ ハの漢字例：傘、介、余　など

2 [隶]
部首(部首名) 隶（れいづくり）
✎ 常用漢字で隶を部首とする漢字は隷のみ。
✗ 示（しめす）ではない。

3 [口]
部首(部首名) 口（くち）
✎ 口の漢字例：呂、哀、吉　など
✗ 王（おう）ではない。

4 [臼]
部首(部首名) 臼（うす）
✎ 臼の漢字例：興

5 [穴]
部首(部首名) 穴（あなかんむり）
✎ 穴の漢字例：窮、窃、室　など
✗ 灬（れんが・れっか）ではない。

6 [亀]
部首(部首名) 亀（かめ）
✎ 常用漢字で亀を部首とする漢字は亀のみ。

7 [衣]
部首(部首名) 衣（ころも）
✎ 衣の漢字例：衰、袋、裂　など
✗ 亠（なべぶた・けいさんかんむり）ではない。

8 [凵]
部首(部首名) 凵（うけばこ）
✎ 凵の漢字例：凶、出　など

9 [子]
部首(部首名) 子（こ）
✎ 子の漢字例：孝、季、学　など

10 [貝]
部首(部首名) 貝（かい・こがい）
✎ 貝の漢字例：貢、貞、貫　など
✗ 宀（うかんむり）ではない。

読み / 部首 / 熟語の構成 / 四字熟語 / 対義語・類義語 / 同音・同訓異字 / 誤字訂正 / 送りがな / 書き取り

部首③

次の漢字の**部首**を記せ。
〈例〉菜 〔 艹 〕 間 〔 門 〕

☐☐ 1 秀 〔　　　〕

☐☐ 2 唇 〔　　　〕

☐☐ 3 虜 〔　　　〕

☐☐ 4 翼 〔　　　〕

☐☐ 5 既 〔　　　〕

☐☐ 6 巾 〔　　　〕

☐☐ 7 裏 〔　　　〕

☐☐ 8 票 〔　　　〕

☐☐ 9 奇 〔　　　〕

☐☐ 10 爪 〔　　　〕

（標準解答）　　　　（解説）

1 [禾]
部首(部首名) 禾（のぎ）
✎ 常用漢字で禾を部首とする漢字は秀のみ。

2 [口]
部首(部首名) 口（くち）
✎ 口の漢字例：呂、啓、哲　など
まるX 辰（しんのたつ）ではない。

3 [虍]
部首(部首名) 虍（とらがしら・とらかんむり）
✎ 虍の漢字例：虐、虚　など

4 [羽]
部首(部首名) 羽（はね）
✎ 羽の漢字例：翁、翻、翌　など

5 [旡]
部首(部首名) 旡（なし・ぶ・すでのつくり）
✎ 常用漢字で旡を部首とする漢字は既のみ。

6 [巾]
部首(部首名) 巾（はば）
✎ 巾の漢字例：帥、幣、帝　など

7 [衣]
部首(部首名) 衣（ころも）
✎ 衣の漢字例：衰、袋、裂　など
まるX 亠（なべぶた・けいさんかんむり）ではない。

8 [示]
部首(部首名) 示（しめす）
✎ 示の漢字例：禁、示、祭

9 [大]
部首(部首名) 大（だい）
✎ 大の漢字例：爽、奨、奪　など

10 [爪]
部首(部首名) 爪（つめ）
✎ 常用漢字で爪を部首とする漢字は爪のみ。

部首④

次の漢字の**部首**を記せ。
〈例〉菜〔 艹 〕間〔 門 〕

□□ 1 革 〔   〕

□□ 2 罵 〔   〕

□□ 3 辣 〔   〕

□□ 4 甚 〔   〕

□□ 5 羨 〔   〕

□□ 6 奈 〔   〕

□□ 7 吏 〔   〕

□□ 8 麻 〔   〕

□□ 9 致 〔   〕

□□ 10 丙 〔   〕

	標準解答	解説

1 [革]
部首(部首名) 革（かくのかわ・つくりがわ）
✏ 常用漢字で革を部首とする漢字は革のみ。

2 [罒]
部首(部首名) 罒（あみがしら・あみめ・よこめ）
✏ 罒の漢字例：羅、罷、罰　など
✗ 馬（うま）ではない。

3 [辛]
部首(部首名) 辛（からい）
✏ 辛の漢字例：辛、辞

4 [甘]
部首(部首名) 甘（かん・あまい）
✏ 甘の漢字例：甘

5 [羊]
部首(部首名) 羊（ひつじ）
✏ 羊の漢字例：義、群、美　など

6 [大]
部首(部首名) 大（だい）
✏ 大の漢字例：爽、奨、奪　など

7 [口]
部首(部首名) 口（くち）
✏ 口の漢字例：呂、啓、哲　など

8 [麻]
部首(部首名) 麻（あさ）
✏ 常用漢字で麻を部首とする漢字は麻のみ。
✗ 广（まだれ）ではない。

9 [至]
部首(部首名) 至（いたる）
✏ 至の漢字例：至
✗ 夂（のぶん・ぼくづくり）ではない。

10 [一]
部首(部首名) 一（いち）
✏ 一の漢字例：且、丈、与　など

読み / 部首 / 熟語の構成 / 四字熟語 / 対義語・類義語 / 同音・同訓異字 / 誤字訂正 / 送りがな / 書き取り

部首⑤

次の漢字の**部首**を記せ。
〈例〉菜 〔 ⧾ 〕間 〔 門 〕

☐☐ 1 甲 〔　　　〕

☐☐ 2 老 〔　　　〕

☐☐ 3 夢 〔　　　〕

☐☐ 4 童 〔　　　〕

☐☐ 5 嗅 〔　　　〕

☐☐ 6 雇 〔　　　〕

☐☐ 7 玄 〔　　　〕

☐☐ 8 歯 〔　　　〕

☐☐ 9 壱 〔　　　〕

☐☐ 10 辱 〔　　　〕

（標準解答）　　（解説）

1 [田]
部首(部首名) 田（た）
✎ 田の漢字例：畏、畿、畜　など

2 [耂]
部首(部首名) 耂（おいかんむり・おいがしら）
✎ 耂の漢字例：者、考

3 [夕]
部首(部首名) 夕（た・ゆうべ）
✎ 夕の漢字例：外、多、夜　など
よくある✕ 艹（くさかんむり）ではない。

4 [立]
部首(部首名) 立（たつ）
✎ 立の漢字例：競、章、立
よくある✕ 里（さと）ではない。

5 [口]
部首(部首名) 口（くちへん）
✎ 口の漢字例：唄、喉、喩　など

6 [隹]
部首(部首名) 隹（ふるとり）
✎ 隹の漢字例：隻、雅、雌　など
よくある✕ 戸（とだれ・とかんむり）ではない。

7 [玄]
部首(部首名) 玄（げん）
✎ 玄の漢字例：率
よくある✕ 亠（なべぶた・けいさんかんむり）ではない。

8 [歯]
部首(部首名) 歯（は）
✎ 常用漢字で歯を部首とする漢字は歯のみ。

9 [士]
部首(部首名) 士（さむらい）
✎ 士の漢字例：壮、士、声　など
よくある✕ ヒ（ひ）ではない。

10 [辰]
部首(部首名) 辰（しんのたつ）
✎ 辰の漢字例：農
よくある✕ 寸（すん）ではない。

部首⑥

次の漢字の**部首**を記せ。
〈例〉菜〔　艹　〕間〔　門　〕

□□ 1 豪〔　　〕

□□ 2 孔〔　　〕

□□ 3 喪〔　　〕

□□ 4 串〔　　〕

□□ 5 虎〔　　〕

□□ 6 臭〔　　〕

□□ 7 面〔　　〕

□□ 8 幾〔　　〕

□□ 9 彩〔　　〕

□□ 10 疑〔　　〕

(標準解答)　　(解 説)

1 [豕]
部首(部首名) 豕（ぶた・いのこ）
✎ 豕の漢字例：豚、象
まちがえX ⊥（なべぶた・けいさんかんむり）ではない。

2 [孑]
部首(部首名) 孑（こへん）
✎ 孑の漢字例：孤、孫

3 [口]
部首(部首名) 口（くち）
✎ 口の漢字例：呂、唐、史　など

4 [｜]
部首(部首名) ｜（ぼう・たてぼう）
✎ ｜の漢字例：中
まちがえX 口（くち）ではない。

5 [虍]
部首(部首名) 虍（とらがしら・とらかんむり）
✎ 虍の漢字例：虐、虚　など

6 [自]
部首(部首名) 自（みずから）
✎ 自の漢字例：自
まちがえX 大（だい）ではない。

7 [面]
部首(部首名) 面（めん）
✎ 常用漢字で面を部首とする漢字は面のみ。

8 [幺]
部首(部首名) 幺（よう・いとがしら）
✎ 幺の漢字例：幽、幻、幼

9 [彡]
部首(部首名) 彡（さんづくり）
✎ 彡の漢字例：彰、彫、影　など

10 [疋]
部首(部首名) 疋（ひき）
✎ 常用漢字で疋を部首とする漢字は疑のみ。

読み
部首
熟語の構成
四字熟語
対義語・類義語
同音・同訓異字
誤字訂正
送りがな
書き取り

熟語の構成①

熟語の構成のしかたには 内の**ア～オ**のようなものがある。
次の熟語は 内の**ア～オ**のどれにあたるか、**一つ選び**、**記号**で答えよ。

□□ 1 釣果 [　　]

□□ 2 不祥 [　　]

□□ 3 衆寡 [　　]

□□ 4 隠蔽 [　　]

□□ 5 忍苦 [　　]

□□ 6 争覇 [　　]

□□ 7 媒介 [　　]

□□ 8 巧拙 [　　]

□□ 9 財閥 [　　]

□□ 10 罷業 [　　]

ア 同じような意味の漢字
　 を重ねたもの
　　　　　　　　（岩石）

イ 反対または対応の意味
　 を表す字を重ねたもの
　　　　　　　　（高低）

ウ 前の字が後の字を修飾
　 しているもの
　　　　　　　　（洋画）

エ 後の字が前の字の目的
　 語・補語になっている
　 もの　　　　（着席）

オ 前の字が後の字の意味
　 を打ち消しているもの
　　　　　　　　（非常）

標準解答	解　説

1 [ウ]
釣果：つれた魚の量。
構成 釣 ⟶ 果 修飾
釣りの成果。

2 [オ]
不祥：めでたくないこと。
構成 不 × 祥 打消
めでたくない。

3 [イ]
衆寡：多い人数と少ない人数。
構成 衆 ⟷ 寡 対義
「多数」と「少数」、反対の意味。

4 [ア]
隠蔽：物事を知られないようにかくすこと。
構成 隠 ＝ 蔽 同義
どちらも「おおいかくす」という意味。

5 [エ]
忍苦：苦しみをがまんして、こらえること。
構成 忍 ⟵ 苦 目的
苦しみを耐え忍ぶ。

6 [エ]
争覇：覇者の地位をめぐって争うこと。
構成 争 ⟵ 覇 目的
覇権を争う。

7 [ア]
媒介：両方の間に立って取り持つこと。
構成 媒 ＝ 介 同義
どちらも「なかだちをする」という意味。

8 [イ]
巧拙：上手と下手。
構成 巧 ⟷ 拙 対義
「巧みなこと」と「拙いこと」、反対の意味。

9 [ウ]
財閥：同族で独占的に経営を行う企業集団。
構成 財 ⟶ 閥 修飾
財をなした一族。

10 [エ]
罷業：業務を中止すること。
構成 罷 ⟵ 業 目的
作業をやめる。

読み

部首

熟語の構成

四字熟語

対義語・類義語

同音・同訓異字

誤字訂正

送りがな

書き取り

141

熟語の構成②

熟語の構成のしかたには ___ 内の**ア〜オ**のようなものがある。次の熟語は ___ 内の**ア〜オ**のどれにあたるか、**一つ選び**、**記号**で答えよ。

☐☐ 1 扶助 　　　　　　　　　　　[　]

☐☐ 2 奔流 　　　　　　　　　　　[　]

☐☐ 3 収賄 　　　　　　　　　　　[　]

☐☐ 4 繊毛 　　　　　　　　　　　[　]

☐☐ 5 赦免 　　　　　　　　　　　[　]

☐☐ 6 不屈 　　　　　　　　　　　[　]

☐☐ 7 空隙 　　　　　　　　　　　[　]

☐☐ 8 点滅 　　　　　　　　　　　[　]

☐☐ 9 遡行 　　　　　　　　　　　[　]

☐☐ 10 雅俗 　　　　　　　　　　[　]

ア 同じような意味の漢字
　を重ねたもの
　　　　　　（岩石）

イ 反対または対応の意味
　を表す字を重ねたもの
　　　　　　（高低）

ウ 前の字が後の字を修飾
　しているもの
　　　　　　（洋画）

エ 後の字が前の字の目的
　語・補語になっている
　もの　　　（着席）

オ 前の字が後の字の意味
　を打ち消しているもの
　　　　　　（非常）

標準解答 | 解 説

1 [ア]
扶助：力を添えてたすけること。
構成 扶 ＝＝ 助 同義
どちらも「たすける」という意味。

2 [ウ]
奔流：勢いがある激しい流れ。
構成 奔 ━━▶ 流 修飾
激しい流れ。

3 [エ]
収賄：賄賂を受け取ること。
構成 収 ◀━━ 賄 目的
賄賂を受け取る。

4 [ウ]
繊毛：非常に細く短い毛。
構成 繊 ━━▶ 毛 修飾
細い毛。

5 [ア]
赦免：罪や過失をゆるすこと。
構成 赦 ＝＝ 免 同義
どちらも「ゆるす」という意味。

6 [オ]
不屈：困難に負けずに、最後まで意志を貫くこと。
構成 不 × 屈 打消
屈しない。

7 [ア]
空隙：すきま。
構成 空 ＝＝ 隙 同義
どちらも「すきま」という意味。

8 [イ]
点滅：明かりがついたり消えたりすること。
構成 点 ◀━▶ 滅 対義
「つく」と「消える」、反対の意味。

9 [ウ]
遡行：川をさかのぼって進むこと。
構成 遡 ━━▶ 行 修飾
遡って行く。

10 [イ]
雅俗：上品なものと俗っぽいもの。
構成 雅 ◀━▶ 俗 対義
「風雅」と「卑俗」、反対の意味。

読み

部首

熟語の構成

四字熟語

対義語・類義語

同音・同訓異字

誤字訂正

送りがな

書き取り

143

熟語の構成③

熟語の構成のしかたには [____] 内の**ア～オ**のようなものがある。
次の熟語は [____] 内の**ア～オ**のどれにあたるか、**一つ選び、記号**で答えよ。

□ 1　破戒　　　　　　　　　　　　　　［　　］

□ 2　去就　　　　　　　　　　　　　　［　　］

ア	同じような意味の漢字を重ねたもの（岩石）

□ 3　玩具　　　　　　　　　　　　　　［　　］

イ	反対または対応の意味を表す字を重ねたもの（高低）

□ 4　未刊　　　　　　　　　　　　　　［　　］

□ 5　臆面　　　　　　　　　　　　　　［　　］

ウ	前の字が後の字を修飾しているもの（洋画）

□ 6　憧憬　　　　　　　　　　　　　　［　　］

エ	後の字が前の字の目的語・補語になっているもの（着席）

□ 7　随意　　　　　　　　　　　　　　［　　］

オ	前の字が後の字の意味を打ち消しているもの（非常）

□ 8　払拭　　　　　　　　　　　　　　［　　］

□ 9　早晩　　　　　　　　　　　　　　［　　］

□ 10　陳述　　　　　　　　　　　　　　［　　］

標準解答	解　説

1 [エ]
破戒：戒めを破ること。
構成 破 ←― 戒 目的
戒めを破る。

2 [イ]
去就：去ることと、とどまること。
構成 去 ←→ 就 対義
「去る」と「就く」、反対の意味。

3 [ウ]
玩具：おもちゃ。
構成 玩 ―→ 具 修飾
遊ぶ道具。

4 [オ]
未刊：まだ刊行されていないこと。
構成 未 × 刊 打消
まだ刊行されていない。

5 [ウ]
臆面：気おくれした様子。
構成 臆 ―→ 面 修飾
気おくれした顔つき。

6 [ア]
憧憬：あこがれること。
構成 憧 ══ 憬 同義
どちらも「あこがれる」という意味。

7 [エ]
随意：思うままであるさま。
構成 随 ←― 意 目的
意にしたがう。

8 [ア]
払拭：はらいぬぐうように、すっかりなくすこと。
構成 払 ══ 拭 同義
どちらも「はらいのける」という意味。

9 [イ]
早晩：おそかれ早かれ。
構成 早 ←→ 晩 対義
「早い」と「おそい」、反対の意味。

10 [ア]
陳述：話して伝えること。
構成 陳 ══ 述 同義
どちらも「のべる」という意味。

読み

部首

熟語の構成

四字熟語

対義語・類義語

同音・同訓異字

誤字訂正

送りがな

書き取り

145

熟語の構成④

熟語の構成のしかたには [   ] 内の**ア～オ**のようなものがある。
次の熟語は [   ] 内の**ア～オ**のどれにあたるか、**一つ選び、記号**で答えよ。

☐☐ 1 汎用   [   ]

☐☐ 2 明瞭   [   ]

☐☐ 3 併記   [   ]

☐☐ 4 順逆   [   ]

☐☐ 5 未婚   [   ]

☐☐ 6 球茎   [   ]

☐☐ 7 献呈   [   ]

☐☐ 8 贈賄   [   ]

☐☐ 9 伴侶   [   ]

☐☐ 10 徹底   [   ]

ア	同じような意味の漢字を重ねたもの（岩石）
イ	反対または対応の意味を表す字を重ねたもの（高低）
ウ	前の字が後の字を修飾しているもの（洋画）
エ	後の字が前の字の目的語・補語になっているもの（着席）
オ	前の字が後の字の意味を打ち消しているもの（非常）

標準解答	解　説

1 [ウ]
汎用：一つのものを多方面で使うこと。
構成 汎 → 用 修飾
ひろく役に立つ。

2 [ア]
明瞭：はっきり明らかなさま。
構成 明 ＝ 瞭 同義
どちらも「あきらか」という意味。

3 [ウ]
併記：二つ以上の事柄を並べて書くこと。
構成 併 → 記 修飾
併せて記す。

4 [イ]
順逆：道理に合うこととそむくこと。
構成 順 ←→ 逆 対義
「従う」と「そむく」、反対の意味。

5 [オ]
未婚：まだ結婚していないこと。
構成 未 × 婚 打消
まだ結婚していない。

6 [ウ]
球茎：養分を蓄えて球形に肥大した地下茎。
構成 球 → 茎 修飾
球形の茎。

7 [ア]
献呈：目上の人に物を差しあげること。
構成 献 ＝ 呈 同義
どちらも「差しあげる」という意味。

8 [エ]
贈賄：賄賂をおくること。
構成 贈 ← 賄 目的
賄賂を贈る。

9 [ア]
伴侶：仲間や配偶者。
構成 伴 ＝ 侶 同義
どちらも「仲間。連れ。」という意味。

10 [エ]
徹底：隅々まで行き届くこと。
構成 徹 ← 底 目的
底に徹する。

熟語の構成⑤

熟語の構成のしかたには [____] 内の**ア~オ**のようなものがある。次の熟語は [____] 内の**ア~オ**のどれにあたるか、**一つ選び、記号**で答えよ。

☐☐ 1 監督 〔　〕

☐☐ 2 頻度 〔　〕

☐☐ 3 山麓 〔　〕

☐☐ 4 紡績 〔　〕

☐☐ 5 抹茶 〔　〕

☐☐ 6 防疫 〔　〕

☐☐ 7 無謀 〔　〕

☐☐ 8 審理 〔　〕

☐☐ 9 遭難 〔　〕

☐☐ 10 明滅 〔　〕

ア 同じような意味の漢字を重ねたもの（岩石）

イ 反対または対応の意味を表す字を重ねたもの（高低）

ウ 前の字が後の字を修飾しているもの（洋画）

エ 後の字が前の字の目的語・補語になっているもの（着席）

オ 前の字が後の字の意味を打ち消しているもの（非常）

（標準解答）　　　　（解　説）

1 ［ ア ］
監督：人の上に立ち、全体を指揮・管理すること。
構成 監＝＝督 同義
どちらも「見張る」という意味。

2 ［ ウ ］
頻度：同じことが繰り返し行われる度数。
構成 頻→度 修飾
繰り返し起こる度数。

3 ［ ウ ］
山麓：山のふもと。
構成 山→麓 修飾
山の麓。

4 ［ ア ］
紡績：綿や毛などの繊維を加工して糸にすること。
構成 紡＝＝績 同義
どちらも「つむぐ」という意味。

5 ［ ウ ］
抹茶：臼でひいて粉にした茶。
構成 抹→茶 修飾
粉にした茶。

6 ［ エ ］
防疫：感染症の発生を防ぐこと。
構成 防←疫 目的
疫病を防ぐ。

7 ［ オ ］
無謀：よく考えずに行動すること。
構成 無 × 謀 打消
はかりごとがない。

8 ［ エ ］
審理：筋道などをよく調べてはっきりさせること。
構成 審←理 目的
道理をつまびらかにする。

9 ［ エ ］
遭難：命を落とすような、危険にあうこと。
構成 遭←難 目的
災難にであう。

10 ［ イ ］
明滅：明かりがついたり消えたりすること。
構成 明←→滅 対義
「つく」と「消える」、反対の意味。

読み / 部首 / 熟語の構成 / 四字熟語 / 対義語・類義語 / 同音・同訓異字 / 誤字訂正 / 送りがな / 書き取り

149

熟語の構成⑥

熟語の構成のしかたには _____ 内の**ア～オ**のようなものがある。
次の熟語は _____ 内の**ア～オ**のどれにあたるか、**一つ**選び、**記号**で答えよ。

☐☐ 1　開拓　　　　　　　　　　　　　[　　]

☐☐ 2　具申　　　　　　　　　　　　　[　　]

☐☐ 3　贈答　　　　　　　　　　　　　[　　]

☐☐ 4　未遂　　　　　　　　　　　　　[　　]

☐☐ 5　懇請　　　　　　　　　　　　　[　　]

☐☐ 6　和睦　　　　　　　　　　　　　[　　]

☐☐ 7　克己　　　　　　　　　　　　　[　　]

☐☐ 8　免疫　　　　　　　　　　　　　[　　]

☐☐ 9　漆黒　　　　　　　　　　　　　[　　]

☐☐ 10　剰余　　　　　　　　　　　　[　　]

ア	同じような意味の漢字を重ねたもの（岩石）
イ	反対または対応の意味を表す字を重ねたもの（高低）
ウ	前の字が後の字を修飾しているもの（洋画）
エ	後の字が前の字の目的語・補語になっているもの（着席）
オ	前の字が後の字の意味を打ち消しているもの（非常）

標準解答	解　説

読み
部首
熟語の構成
四字熟語
対義語・類義語
同音・同訓異字
誤字訂正
送りがな
書き取り

1 ［ ア ］
開拓：荒地を切り開いて耕地などをつくること。
構成 開＝＝拓 同義
どちらも「ひらく」という意味。

2 ［ ウ ］
具申：上の人に意見などを詳しく申し述べること。
構成 具→申 修飾
詳しく申す。

3 ［ イ ］
贈答：物をおくったりその返礼をしたりすること。
構成 贈←→答 対義
「おくり与える」と「こたえる」、反対の意味。

4 ［ オ ］
未遂：計画だけでまだなし遂げていないこと。
構成 未 × 遂 打消
まだ遂げていない。

5 ［ ウ ］
懇請：心を尽くしてひたすら頼むこと。
構成 懇→請 修飾
懇ろに請う。

6 ［ ア ］
和睦：たたかうのをやめ、仲直りすること。
構成 和＝＝睦 同義
どちらも「仲よくする」という意味。

7 ［ エ ］
克己：意志を強くして自分の欲望に打ち勝つこと。
構成 克←己 目的
己に打ち勝つ。

8 ［ エ ］
免疫：病原菌や毒素に対して抵抗力を持つこと。
構成 免←疫 目的
病気から免れる。

9 ［ ウ ］
漆黒：漆を塗ったように真っ黒でつやのあること。
構成 漆→黒 修飾
漆のような黒。

10 ［ ア ］
剰余：あまり。余分。
構成 剰＝＝余 同義
どちらも「あまる」という意味。

熟語の構成⑦

熟語の構成のしかたには □□□ 内の**ア～オ**のようなものがある。
次の熟語は □□□ 内の**ア～オ**のどれにあたるか、**一つ選び、記号**で答えよ。

□□ 1　徹宵　　　　　　　　　　　　〔　　〕

□□ 2　枢要　　　　　　　　　　　　〔　　〕

ア　同じような意味の漢字
　　を重ねたもの
　　　　　　　　（岩石）

□□ 3　駄弁　　　　　　　　　　　　〔　　〕

イ　反対または対応の意味
　　を表す字を重ねたもの
　　　　　　　　（高低）

□□ 4　逓増　　　　　　　　　　　　〔　　〕

□□ 5　不浄　　　　　　　　　　　　〔　　〕

ウ　前の字が後の字を修飾
　　しているもの
　　　　　　　　（洋画）

□□ 6　披露　　　　　　　　　　　　〔　　〕

エ　後の字が前の字の目的
　　語・補語になっている
　　もの　　　　（着席）

□□ 7　孤塁　　　　　　　　　　　　〔　　〕

□□ 8　玩弄　　　　　　　　　　　　〔　　〕

オ　前の字が後の字の意味
　　を打ち消しているもの
　　　　　　　　（非常）

□□ 9　疎密　　　　　　　　　　　　〔　　〕

□□ 10　疾患　　　　　　　　　　　　〔　　〕

標準解答　　　　　解　説

1 [エ]
徹宵：夜通し起きていること。
構成 徹 ← 宵 目的
夜を徹する。

2 [ア]
枢要：物事の中心となる大切な部分。
構成 枢 = 要 同義
どちらも「かなめ」という意味。

3 [ウ]
駄弁：くだらないおしゃべり。
構成 駄 → 弁 修飾
無駄なおしゃべり。

4 [ウ]
逓増：だんだん増すこと。また、増やすこと。
構成 逓 → 増 修飾
次第に増す。

5 [オ]
不浄：けがれていること。
構成 不 × 浄 打消
清浄でない。

6 [ア]
披露：広く世間に、知らせたり見せたりすること。
構成 披 = 露 同義
どちらも「あらわす」という意味。

7 [ウ]
孤塁：ただ一つ残り、孤立したとりで。
構成 孤 → 塁 修飾
孤立したとりで。

8 [ア]
玩弄：もてあそぶこと。
構成 玩 = 弄 同義
どちらも「もてあそぶ」という意味。

9 [イ]
疎密：密度があらいことと細かいこと。
構成 疎 ← → 密 対義
「あらい」と「細かい」、反対の意味。

10 [ア]
疾患：病気。
構成 疾 = 患 同義
どちらも「病気」という意味。

読み｜部首｜熟語の構成｜四字熟語｜対義語・類義語｜同音・同訓異字｜誤字訂正｜送りがな｜書き取り

153

四字熟語①

次の**四字熟語**の（1～10）に入る適切な語を⬚内から選び、**漢字二字**で記せ。また、11～15の**意味**にあてはまるものを**ア～コの四字熟語**から**一つ**選び、**記号**で答えよ。

☐☐ 1　ア　（　1　）顕正　　　　　　　　[　　]

☐☐ 2　イ　生生（　2　）　　　　　　　　[　　]

☐☐ 3　ウ　（　3　）妥当　　　　　　　　[　　]

☐☐ 4　エ　羊質（　4　）　　　　　　　　[　　]

☐☐ 5　オ　（　5　）一刻　　　　　　　　[　　]

☐☐ 6　カ　綱紀（　6　）　　　　　　　　[　　]

☐☐ 7　キ　（　7　）曲直　　　　　　　　[　　]

☐☐ 8　ク　小心（　8　）　　　　　　　　[　　]

☐☐ 9　ケ　（　9　）諾諾　　　　　　　　[　　]

☐☐ 10　コ　片言（　10　）　　　　　　　[　　]

いい
こひ
しゅくせい
しゅんしょう
せきご
ぜひ
はじゃ
ふへん
よくよく
るてん

☐☐ 11　規律を厳しく引き締めること。　　　[　　]
☐☐ 12　万物が変化し続けること。　　　　　[　　]
☐☐ 13　外見は立派だが中身が伴わないこと。[　　]
☐☐ 14　相手の言いなりになること。　　　　[　　]
☐☐ 15　物事の善悪や正不正。　　　　　　　[　　]

154

標準解答　　　　　　解　説

1 〔 破邪 〕 破邪顕正：不正を打ちやぶり正義を守ること。

2 〔 流転 〕 生生流転：万物が変化し続けること。

3 〔 普遍 〕 普遍妥当：どんな場合にも真理として承認されること。

4 〔 虎皮 〕 羊質虎皮：外見は立派だが中身が伴わないこと。

5 〔 春宵 〕 春宵一刻：春の夜は何よりも趣深く、かけがえのない価値があるということ。

6 〔 粛正 〕 綱紀粛正：規律を厳しく引き締めること。

7 〔 是非 〕 是非曲直：物事の善悪や正不正。

8 〔 翼翼(翼々) 〕 小心翼翼：気が小さくて、びくびくしているさま。

9 〔 唯唯(唯々) 〕 唯唯諾諾：相手の言いなりになること。

10 〔 隻語 〕 片言隻語：わずかな言葉。

11 〔 カ 〕 綱紀粛正

12 〔 イ 〕 生生流転

13 〔 エ 〕 羊質虎皮

14 〔 ケ 〕 唯唯諾諾　**類** 百依百順

15 〔 キ 〕 是非曲直

読み
部首
熟語の構成
四字熟語
対義語・類義語
同音・同訓異字
誤字訂正
送りがな
書き取り

155

四字熟語②

次の**四字熟語**の（1〜10）に入る適切な語を◯◯◯内から選び、**漢字二字**で記せ。また、11〜15の**意味**にあてはまるものを**ア〜コの四字熟語**から**一つ**選び、**記号**で答えよ。

□□ 1 ア （ 1 ）玉条　　　　　　　[　　　　]

□□ 2 イ （ 2 ）西走　　　　　　　[　　　　]

□□ 3 ウ （ 3 ）大悲　　　　　　　[　　　　]

□□ 4 エ 白砂（ 4 ）　　　　　　[　　　　]

□□ 5 オ （ 5 ）果断　　　　　　　[　　　　]

□□ 6 カ 詩歌（ 6 ）　　　　　　[　　　　]

□□ 7 キ 要害（ 7 ）　　　　　　[　　　　]

□□ 8 ク （ 8 ）転変　　　　　　　[　　　　]

□□ 9 ケ 抑揚（ 9 ）　　　　　　[　　　　]

□□ 10 コ （ 10 ）雨読　　　　　　[　　　　]

うい
かんげん
きんか
けんご
じんそく
せいこう
せいしょう
だいじ
とうほん
とんざ

□□ 11 険しい地形で攻め落とすのが難しいこと。　　[　　]
□□ 12 仏が人々に楽を与え苦しみを取り除くこと。　[　　]
□□ 13 俗事にとらわれずゆったりと暮らすこと。　　[　　]
□□ 14 いちばん大切な決まりや法律。　　　　　　　[　　]
□□ 15 すばやく決め、思いきって行うこと。　　　　[　　]

156

(標準解答)　　　(解 説)

1 [金科] 金科玉条：いちばん大切な決まりや法律。

2 [東奔] 東奔西走：仕事や用事のためあちらこちらと忙しく走り回ること。

3 [大慈] 大慈大悲：仏が人々に楽を与え苦しみを取り除くこと。

4 [青松] 白砂青松：海辺の美しい景観のこと。

5 [迅速] 迅速果断：すばやく決め、思いきって行うこと。

6 [管弦] 詩歌管弦：文学と音楽のこと。
✎ 「詩歌」は漢詩と和歌で文学のこと。

7 [堅固] 要害堅固：険しい地形で攻め落とすのが難しいこと。

8 [有為] 有為転変：この世は変わりやすく、はかないこと。

9 [頓挫] 抑揚頓挫：ことばや文章の調子に緩急の変化をつけること。

10 [晴耕] 晴耕雨読：俗事にとらわれずゆったりと暮らすこと。

11 [キ] 要害堅固　類 難攻不落

12 [ウ] 大慈大悲

13 [コ] 晴耕雨読

14 [ア] 金科玉条

15 [オ] 迅速果断　類 即断即決

読み / 部首 / 熟語の構成 / 四字熟語 / 対義語・類義語 / 同音・同訓異字 / 誤字訂正 / 送りがな / 書き取り

157

四字熟語③

次の**四字熟語**の（1〜10）に入る適切な語を 内から選び、**漢字二字**で記せ。また、11〜15の**意味**にあてはまるものを**ア〜コ**の四字熟語から**一つ**選び、**記号**で答えよ。

□□ 1　ア　泰山（ **1** ）　　　　［　　　］

□□ 2　イ　氾愛（ **2** ）　　　　［　　　］

□□ 3　ウ　同工（ **3** ）　　　　［　　　］

□□ 4　エ　（ **4** ）丁寧　　　　［　　　］

□□ 5　オ　（ **5** ）濫造　　　　［　　　］

□□ 6　カ　粒粒（ **6** ）　　　　［　　　］

□□ 7　キ　（ **7** ）絶佳　　　　［　　　］

□□ 8　ク　熱願（ **8** ）　　　　［　　　］

□□ 9　ケ　附和（ **9** ）　　　　［　　　］

□□ 10　コ　（ **10** ）徒食　　　［　　　］

いきょく
けんり
こんせつ
しんく
そせい
ちょうぼう
ほくと
むい
らいどう
れいてい

□□ 11　こつこつと、地道な努力を積み重ねること。　　　［　　　］

□□ 12　ある分野で、最も尊敬されている第一人者。　　　［　　　］

□□ 13　自らよく考えず他人の意見に賛成すること。　　　［　　　］

□□ 14　何もせず、ただぶらぶらと日を過ごすこと。　　　［　　　］

□□ 15　見かけは違っても内容は大差のないこと。　　　　［　　　］

158

	標準解答	解説
1	北斗	泰山北斗：ある分野で、最も尊敬されている第一人者。
2	兼利	汎愛兼利：あらゆる人をわけへだてなく愛し、広く利益をともにすること。
3	異曲	同工異曲：見かけは違っても内容は大差のないこと。
4	懇切	懇切丁寧：細かなところまで気を配り、親切であること。
5	粗製	粗製濫造：質の悪い品をやたらに多くつくること。
6	辛苦	粒粒辛苦：こつこつと、地道な努力を積み重ねること。
7	眺望	眺望絶佳：目の前の景色がすばらしいことのたとえ。
8	冷諦	熱願冷諦：熱心に願うことと、冷静に物事の本質を見きわめること。
9	雷同	附和雷同：自らよく考えず他人の意見に賛成すること。
10	無為	無為徒食：何もせず、ただぶらぶらと日を過ごすこと。
11	カ	粒粒辛苦 類 千辛万苦
12	ア	泰山北斗 類 天下無双
13	ケ	附和雷同 類 軽挙妄動
14	コ	無為徒食
15	ウ	同工異曲 類 大同小異

読み

部首

熟語の構成

四字熟語

対義語・類義語

同音・同訓異字

誤字訂正

送りがな

書き取り

159

四字熟語④

次の**四字熟語**の（1～10）に入る適切な語を 内から選び、**漢字二字**で記せ。また、11～15の**意味**にあてはまるものを**ア**～**コ**の四字熟語から**一つ**選び、**記号**で答えよ。

<table>
<tr><td>□□ 1</td><td>ア　（ 1 ）無稽</td><td>[　　]</td></tr>
<tr><td>□□ 2</td><td>イ　（ 2 ）奇抜</td><td>[　　]</td></tr>
<tr><td>□□ 3</td><td>ウ　（ 3 ）無恥</td><td>[　　]</td></tr>
<tr><td>□□ 4</td><td>エ　内疎（ 4 ）</td><td>[　　]</td></tr>
<tr><td>□□ 5</td><td>オ　時期（ 5 ）</td><td>[　　]</td></tr>
<tr><td>□□ 6</td><td>カ　勢力（ 6 ）</td><td>[　　]</td></tr>
<tr><td>□□ 7</td><td>キ　昼夜（ 7 ）</td><td>[　　]</td></tr>
<tr><td>□□ 8</td><td>ク　（ 8 ）漢才</td><td>[　　]</td></tr>
<tr><td>□□ 9</td><td>ケ　（ 9 ）心小</td><td>[　　]</td></tr>
<tr><td>□□10</td><td>コ　（ 10 ）禁断</td><td>[　　]</td></tr>
</table>

がいしん
けんこう
こうがん
こうとう
ざんしん
しょうそう
せっしょう
たんだい
はくちゅう
わこん

□□ 11　ずうずうしいさま。　　　　　　　　　　　　　　[　　]

□□ 12　着想が独特で、これまでにないこと。　　　　　[　　]

□□ 13　日本固有の精神と中国伝来の学問のこと。　　[　　]

□□ 14　度胸と注意深さを併せ持つこと。　　　　　　[　　]

□□ 15　互いの力が同じくらいで優劣がつけにくいこと。[　　]

標準解答 | 解 説

1〔 荒唐 〕 荒唐無稽：言説によりどころがなく、現実性に欠けること。

2〔 斬新 〕 斬新奇抜：着想が独特で、これまでにないこと。

3〔 厚顔 〕 厚顔無恥：ずうずうしいさま。

4〔 外親 〕 内疎外親：内心ではうとましく思っているが、表面上、したしげに装うこと。

5〔 尚早 〕 時期尚早：ある事を行うには、まだ時期がはやすぎること。

6〔 伯仲 〕 勢力伯仲：互いの力が同じくらいで優劣がつけにくいこと。

7〔 兼行 〕 昼夜兼行：昼と夜の区別なく続けて物事を行うこと。

8〔 和魂 〕 和魂漢才：日本固有の精神と中国伝来の学問のこと。

9〔 胆大 〕 胆大心小：度胸と注意深さを併せ持つこと。

10〔 殺生 〕 殺生禁断：鳥・獣・魚などを捕ったり殺したりすることを禁止すること。

11〔 ウ 〕 厚顔無恥 題 寡廉鮮恥

12〔 イ 〕 斬新奇抜 題 奇想天外

13〔 ク 〕 和魂漢才 題 和魂洋才

14〔 ケ 〕 胆大心小

15〔 カ 〕 勢力伯仲

読み / 部首 / 熟語の構成 / 四字熟語 / 対義語・類義語 / 同音・同訓異字 / 誤字訂正 / 送りがな / 書き取り

161

四字熟語⑤

次の**四字熟語**の（1~10）に入る適切な語を :::::::内から選び、
漢字二字で記せ。また、11~15の意味にあてはまるものを**ア
~コ**の四字熟語から**一つ**選び、記号で答えよ。

☐ 1　ア　（　**1**　）北馬　　　　　　　［　　］
☐
☐ 2　イ　深山（　**2**　）　　　　　　　［　　］
☐

☐ 3　ウ　（　**3**　）奪胎　　　　　　　［　　］
☐
☐ 4　エ　（　**4**　）奮闘　　　　　　　［　　］
☐
☐ 5　オ　（　**5**　）亡羊　　　　　　　［　　］
☐
☐ 6　カ　高論（　**6**　）　　　　　　　［　　］
☐
☐ 7　キ　（　**7**　）得喪　　　　　　　［　　］
☐
☐ 8　ク　（　**8**　）馬食　　　　　　　［　　］
☐
☐ 9　ケ　（　**9**　）無人　　　　　　　［　　］
☐

☐ 10　コ　（　**10**　）恋雲　　　　　　［　　］
☐

かふく
かんこつ
げいいん
こぐん
たき
たくせつ
なんせん
ぼうじゃく
ゆうこく
ろうちょう

☐ **11**　よいこともあれば、悪いこともあること。　　　　　［　　］
☐ **12**　人目をはばからず勝手にふるまうこと。　　　　　　［　　］
☐ **13**　選択肢がありすぎて迷うこと。　　　　　　　　　　［　　］
☐ **14**　あちらこちらと絶え間なく旅すること。　　　　　　［　　］
☐ **15**　外形はもとのままで中身を取りかえること。　　　　［　　］

162

標準解答	解 説
1 南船	南船北馬：あちらこちらと絶え間なく旅すること。
2 幽谷	深山幽谷：人里離れた奥深い山と、そこにある静かな谷。
3 換骨	換骨奪胎：外形はもとのままで中身を取りかえること。
4 孤軍	孤軍奮闘：支援する者がなく、ただ一人で懸命に努力すること。
5 多岐	多岐亡羊：選択肢がありすぎて迷うこと。
6 卓説	高論卓説：すぐれた意見や議論。
7 禍福	禍福得喪：よいこともあれば、悪いこともあること。
8 鯨飲	鯨飲馬食：一度に多くの物を飲み食いすること。
9 傍若	傍若無人：人目をはばからず勝手にふるまうこと。
10 籠鳥	籠鳥恋雲：捕らえられている者が自由になるのを望むこと。
11 キ	禍福得喪
12 ケ	傍若無人
13 オ	多岐亡羊
14 ア	南船北馬 類東奔西走
15 ウ	換骨奪胎 類点鉄成金

右側縦書き：読み／部首／熟語の構成／四字熟語／対義語・類義語／同音・同訓異字／誤字訂正／送りがな／書き取り

163

四字熟語⑥

次の**四字熟語**の（1～10）に入る適切な語を[　　]内から選び、**漢字二字**で記せ。また、11～15の**意味**にあてはまるものを**ア～コ**の四字熟語から**一つ**選び、**記号**で答えよ。

☐☐ 1　ア　（　**1**　）一徹　　　　　　　[　　　]

☐☐ 2　イ　（　**2**　）不抜　　　　　　　[　　　]

☐☐ 3　ウ　（　**3**　）無量　　　　　　　[　　　]

☐☐ 4　エ　錦上（　**4**　）　　　　　　　[　　　]

☐☐ 5　オ　四分（　**5**　）　　　　　　　[　　　]

☐☐ 6　カ　異端（　**6**　）　　　　　　　[　　　]

☐☐ 7　キ　閉月（　**7**　）　　　　　　　[　　　]

☐☐ 8　ク　一念（　**8**　）　　　　　　　[　　　]

☐☐ 9　ケ　（　**9**　）烈日　　　　　　　[　　　]

☐☐ 10　コ　一網（　**10**　）　　　　　　[　　　]

かんがい
がんこ
けんにん
ごれつ
じゃせつ
しゅうか
しゅうそう
だじん
てんか
ほっき

☐☐ 11　美しいものに美しいものをつけ加えること。　　[　　]

☐☐ 12　刑罰や権威などがきわめて厳しいさま。　　　　[　　]

☐☐ 13　ばらばらになること。　　　　　　　　　　　[　　]

☐☐ 14　きわめて美しい女性のこと。　　　　　　　　[　　]

☐☐ 15　どんな困難にも耐えて心を動かさないこと。　[　　]

164

標準解答　　　　　解　説

1 [頑固] 頑固一徹（がんこいってつ）：一度決めたら最後まで意地をはって押し通すこと。

2 [堅忍] 堅忍不抜（けんにんふばつ）：どんな困難にも耐えて心を動かさないこと。

3 [感慨] 感慨無量（かんがいむりょう）：はかりしれないほど身にしみて感じること。

4 [添花] 錦上添花（きんじょうてんか）：美しいものに美しいものをつけ加えること。

5 [五裂] 四分五裂（しぶんごれつ）：ばらばらになること。

6 [邪説] 異端邪説（いたんじゃせつ）：正統からはずれている思想・信仰・学説。

7 [羞花] 閉月羞花（へいげつしゅうか）：きわめて美しい女性のこと。

8 [発起] 一念発起（いちねんほっき）：ある事を成し遂げようと決心すること。

9 [秋霜] 秋霜烈日（しゅうそうれつじつ）：刑罰や権威などがきわめて厳しいさま。

10 [打尽] 一網打尽（いちもうだじん）：犯人などを一度で全員捕らえること。

11 [エ] 錦上添花（きんじょうてんか）

12 [ケ] 秋霜烈日（しゅうそうれつじつ）

13 [オ] 四分五裂（しぶんごれつ）　類 分崩離析（ぶんぽうりせき）

14 [キ] 閉月羞花（へいげつしゅうか）

15 [イ] 堅忍不抜（けんにんふばつ）　類 志操堅固、堅苦卓絶

読み

部首

熟語の構成

四字熟語

対義語・類義語

同音・同訓異字

誤字訂正

送りがな

書き取り

四字熟語⑦

次の**四字熟語**の（1～10）に入る適切な語を 内から選び、**漢字二字**で記せ。また、11～15の**意味**にあてはまるものを**ア～コの四字熟語**から**一つ**選び、**記号**で答えよ。

□□ 1　ア　（　**1**　）不党　　　　　　［　　　］

□□ 2　イ　周知（　**2**　）　　　　　　［　　　］

□□ 3　ウ　報怨（　**3**　）　　　　　　［　　　］

□□ 4　エ　栄枯（　**4**　）　　　　　　［　　　］

□□ 5　オ　故事（　**5**　）　　　　　　［　　　］

□□ 6　カ　精進（　**6**　）　　　　　　［　　　］

□□ 7　キ　（　**7**　）変化　　　　　　［　　　］

□□ 8　ク　（　**8**　）末節　　　　　　［　　　］

□□ 9　ケ　自暴（　**9**　）　　　　　　［　　　］

□□ 10　コ　天衣（　**10**　）　　　　　［　　　］

> いとく
> けっさい
> じき
> しよう
> せいすい
> てってい
> ふへん
> むほう
> ようかい
> らいれき

□□ 11　本質から外れた細かいこと。　　　　　　　　［　　　］

□□ 12　作品に不自然な点がなく完全で美しいこと。　［　　　］

□□ 13　うらみに対して仁愛の心で応えること。　　　［　　　］

□□ 14　公正中立の立場に立つこと。　　　　　　　　［　　　］

□□ 15　飲食を慎み、心身を清めること。　　　　　　［　　　］

標準解答 / 解 説

	標準解答	解 説
1	不偏	不偏不党：公正中立の立場に立つこと。
2	徹底	周知徹底：世間一般、広くすみずみまで知れわたるようにすること。
3	以徳	報怨以徳：うらみに対して仁愛の心で応えること。
4	盛衰	栄枯盛衰：人・家・国などが、栄えたりおとろえたりすること。
5	来歴	故事来歴：物事がそういう結果になった理由やいきさつ。
6	潔斎	精進潔斎：飲食を慎み、心身を清めること。
7	妖怪	妖怪変化：人間には理解できないふしぎな化け物。
8	枝葉	枝葉末節：本質から外れた細かいこと。
9	自棄	自暴自棄：すてばち、やけくそになること。
10	無縫	天衣無縫：作品に不自然な点がなく完全で美しいこと。
11	ク	枝葉末節
12	コ	天衣無縫
13	ウ	報怨以徳
14	ア	不偏不党　類 無私無偏
15	カ	精進潔斎

読み / 部首 / 熟語の構成 / 四字熟語 / 対義語・類義語 / 同音・同訓異字 / 誤字訂正 / 送りがな / 書き取り

四字熟語⑧

次の**四字熟語**の（1～10）に入る適切な語を □□□ 内から選び、**漢字二字**で記せ。また、11～15の**意味**にあてはまるものを**ア～コの四字熟語**から**一つ**選び、**記号**で答えよ。

□□ 1 ア 怨親（ 1 ） ［ ］

□□ 2 イ （ 2 ）薄命 ［ ］

□□ 3 ウ 明鏡（ 3 ） ［ ］

□□ 4 エ 飛花（ 4 ） ［ ］

□□ 5 オ 拍手（ 5 ） ［ ］

□□ 6 カ （ 6 ）連理 ［ ］

□□ 7 キ 陶犬（ 7 ） ［ ］

□□ 8 ク （ 8 ）万紅 ［ ］

□□ 9 ケ 天下（ 9 ） ［ ］

□□ 10 コ 子子（ 10 ） ［ ］

```
がけい
かじん
かっさい
ごめん
しすい
せんし
そんそん
びょうどう
ひよく
らくよう
```

□□ 11 男女が固く結ばれ仲むつまじいさま。 ［ ］
□□ 12 世間的に認められていること。 ［ ］
□□ 13 この世は移り変わりやすく無常であること。 ［ ］
□□ 14 外見ばかり立派で役立たずなもののたとえ。 ［ ］
□□ 15 美女には不幸が起こりやすいということ。 ［ ］

	標準解答	解説
1	平等	怨親平等：敵も味方も全て同じように処遇すること。
2	佳人	佳人薄命：美女には不幸が起こりやすいということ。
3	止水	明鏡止水：邪念がなく、澄みきって落ち着いた心境。
4	落葉	飛花落葉：この世は移り変わりやすく無常であること。
5	喝采	拍手喝采：手をたたいて、おおいにほめたたえること。
6	比翼	比翼連理：男女が固く結ばれ仲むつまじいさま。
7	瓦鶏	陶犬瓦鶏：外見ばかり立派で役立たずなもののたとえ。
8	千紫	千紫万紅：いろいろな色の花。
9	御免	天下御免：世間的に認められていること。
10	孫孫(孫々)	子子孫孫：末代まで。
11	カ	比翼連理
12	ケ	天下御免
13	エ	飛花落葉
14	キ	陶犬瓦鶏
15	イ	佳人薄命　類 才子多病

右側縦: 読み　部首　熟語の構成　四字熟語　対義語・類義語　同音・同訓異字　誤字訂正　送りがな　書き取り

対義語・類義語①

次の1〜5の**対義語**、6〜10の**類義語**を ___ 内から選び、**漢字**で記せ。 ___ 内の語は一度だけ使うこと。

☐☐ 1		真実	[　　　]
☐☐ 2		個別	[　　　]
☐☐ 3	対義語	冗漫	[　　　]
☐☐ 4		巧妙	[　　　]
☐☐ 5		愛護	[　　　]
☐☐ 6		互角	[　　　]
☐☐ 7		湯船	[　　　]
☐☐ 8	類義語	掃討	[　　　]
☐☐ 9		不意	[　　　]
☐☐ 10		混乱	[　　　]

いっせい
かんけつ
ぎゃくたい
きょぎ
くちく
せつれつ
とうとつ
はくちゅう
ふんきゅう
よくそう

標準解答　　　　　解　説

読み

1 〔 虚偽 〕
真実：本当のこと。
虚偽：うそ。いつわり。

部首

2 〔 一斉 〕
個別：ひとつひとつ別々に扱うこと。
一斉：同時に同じことをするさま。

熟語の構成

3 〔 簡潔 〕
冗漫：表現などがくどくどと、しまりがないさま。
簡潔：かんたんで要領よくまとまっていること。

四字熟語

4 〔 拙劣 〕
巧妙：たくみで見事なこと。
拙劣：下手でおとっていること。

5 〔 虐待 〕
愛護：かわいがって大切に保護すること。
虐待：いじめるなど、ひどい扱いをすること。

対義語・類義語

6 〔 伯仲 〕
互角：勝りおとりのない状態。
伯仲：どちらもすぐれていて、勝りおとりのつけられないこと。

同音・同訓異字

7 〔 浴槽 〕
湯船：ふろに入るとき湯を張るおけ。
浴槽：ふろ場にある、湯を入れる大きなおけ。

誤字訂正

8 〔 駆逐 〕
掃討：敵や悪人などをすっかり払い除くこと。
駆逐：敵の勢力などを追い払うこと。

送りがな

9 〔 唐突 〕
不意：思いがけないこと。
唐突：だしぬけなさま。

書き取り

10 〔 紛糾 〕
混乱：入り乱れて秩序がなくなること。
紛糾：物事が乱れもつれること。

対義語・類義語②

次の1～5の**対義語**、6～10の**類義語**を[   ]内から選び、**漢字**で記せ。[   ]内の語は一度だけ使うこと。

□□ 1　名誉　　　　　　　　　　　　[　　　]

□□ 2　飽食　　　　　　　　　　　　[　　　]

　　　　　　　　　かいじゅう
□□ 3　国産　　　　　　　　　　　　[　　　]
対義語　　　　　きが

　　　　　　　　きげん
□□ 4　貫徹　　　　　　　　　　　　[　　　]
　　　　　　　　ごすい

　　　　　　　　ざせつ
□□ 5　威圧　　　　　　　　　　　　[　　　]
　　　　　　　　だんがい

　　　　　　　　ちじょく
□□ 6　根絶　　　　　　　　　　　　[　　　]
　　　　　　　　はくらい

□□ 7　絶壁　　　　　　ぼくめつ　　[　　　]

類義語　　　　　ゆうきゅう
□□ 8　永遠　　　　　　　　　　　　[　　　]

□□ 9　昼寝　　　　　　　　　　　　[　　　]

□□ 10　気分　　　　　　　　　　　 [　　　]

標準解答 　　　　解説

1 [恥辱]
名誉：すぐれていると認められ、高い評価を受けること。
恥辱：はずかしめ。

2 [飢餓]
飽食：飽きるほど食べること。
飢餓：食べ物が少なくてうえること。

3 [舶来]
国産：その国で産出すること。
舶来：外国から運ばれてくること。

4 [挫折]
貫徹：最後までやりとおすこと。
挫折：計画などが途中でだめになること。

5 [懐柔]
威圧：強い力によっておさえつけること。
懐柔：うまくまるめこんで思うように従わせること。

6 [撲滅]
根絶：根本から徹底的になくすこと。
撲滅：完全にほろぼしてしまうこと。

7 [断崖]
絶壁：壁のように切り立ったがけ。
断崖：垂直に切り立った、険しいがけ。

8 [悠久]
永遠：いつまでも長く果てしないこと。
悠久：はるかに長く続くこと。

9 [午睡]
昼寝：昼間に寝ること。
午睡：昼間に寝ること。

10 [機嫌]
気分：心の状態。
機嫌：心の状態。

読み / 部首 / 熟語の構成 / 四字熟語 / **対義語・類義語** / 同音・同訓異字 / 誤字訂正 / 送りがな / 書き取り

173

対義語・類義語③

次の1〜5の**対義語**、6〜10の**類義語**を........内から選び、**漢字**で記せ。........内の語は一度だけ使うこと。

☐ 1		覚醒	[ ]
☐ 2	対義語	隆起	[ ]
☐ 3		特殊	[ ]
☐ 4		極端	[ ]
☐ 5		慶賀	[ ]
☐ 6		公表	[ ]
☐ 7	類義語	残念	[ ]
☐ 8		中核	[ ]
☐ 9		激怒	[ ]
☐ 10		歴史	[ ]

あいとう
いかん
えんかく
かんぼつ
さいみん
すうじく
ちゅうよう
ひろう
ふへん
ふんがい

標準解答

解 説

1 催眠
覚醒：目をさますこと。
催眠：ねむけをもよおすこと。暗示・薬物などにより、ねむくならせること。

2 陥没
隆起：高く盛り上がること。
陥没：物の一部がくぼむこと。

3 普遍
特殊：ふつうとちがうこと。
普遍：全てのものに共通すること。

4 中庸
極端：ある方向にひどく偏っていること。
中庸：偏らないこと。

5 哀悼
慶賀：めでたい事柄をよろこび祝うこと。
哀悼：人の死をかなしみいたむこと。

6 披露
公表：広く一般に発表すること。
披露：広く世間に、知らせたり見せたりすること。

7 遺憾
残念：心残りのするさま。
遺憾：思っていたようにならず、心残りなさま。

8 枢軸
中核：全体の中心。
枢軸：物事や活動の中心となる大切な部分。

9 憤慨
激怒：ひどく怒ること。
憤慨：非常に腹を立てて嘆くこと。

10 沿革
歴史：人間社会の時代ごとの変遷。
沿革：物事の移り変わり。

読み

部首

熟語の構成

四字熟語

対義語・類義語

同音・同訓異字

誤字訂正

送りがな

書き取り

175

対義語・類義語④

次の1〜5の**対義語**、6〜10の**類義語**を 内から選び、**漢字**で記せ。 内の語は一度だけ使うこと。

☐☐ 1		潤沢	[ ]
☐☐ 2	対義語	任命	[ ]
☐☐ 3		老巧	[ ]
☐☐ 4		絶賛	[ ]
☐☐ 5		病弱	[ ]
☐☐ 6		降格	[ ]
☐☐ 7	類義語	全治	[ ]
☐☐ 8		心配	[ ]
☐☐ 9		工面	[ ]
☐☐ 10		省略	[ ]

かつあい
こかつ
させん
そうけん
ちせつ
ねんしゅつ
ばとう
ひめん
へいゆ
ゆうりょ

標準解答　　　　解説

1 [枯渇]
潤沢：物がたくさんあること。
枯渇：物がつきて、なくなること。

2 [罷免]
任命：官職や役目につくよう命じること。
罷免：公務員の職務を辞めさせること。

3 [稚拙]
老巧：数多くの経験を積んでいて、物事に手慣れ巧みなこと。
稚拙：子どもじみて、へたであること。

4 [罵倒]
絶賛：この上なくほめたたえること。
罵倒：ひどくののしること。

5 [壮健]
病弱：体が弱く、病気がちであること。
壮健：体が丈夫で元気のあること。

6 [左遷]
降格：地位や階級が下がること。
左遷：前より低い地位・官職におとすこと。

7 [平癒]
全治：病気や傷などが完全に治ること。
平癒：病気が治ること。

8 [憂慮]
心配：気にかけて思いわずらうこと。
憂慮：悪い状態になることを予想して、うれえ気づかうこと。

9 [捻出]
工面：必要な金品の都合をつけること。
捻出：費用をやりくりして、無理にだすこと。

10 [割愛]
省略：簡潔にするため一部を省くこと。
割愛：惜しみながら、手放したり省略したりすること。

読み / 部首 / 熟語の構成 / 四字熟語 / 対義語・類義語 / 同音・同訓異字 / 誤字訂正 / 送りがな / 書き取り

対義語・類義語⑤

次の 1 ～ 5 の**対義語**、6 ～ 10 の**類義語**を 内から選び、**漢字**で記せ。 内の語は一度だけ使うこと。

□□ 1	対義語	高遠	[ ]
□□ 2		欠乏	[ ]
□□ 3		自生	[ ]
□□ 4		下賜	[ ]
□□ 5		富裕	[ ]
□□ 6	類義語	豊富	[ ]
□□ 7		安眠	[ ]
□□ 8		崇拝	[ ]
□□ 9		一般	[ ]
□□ 10		沈着	[ ]

いけい
けんじょう
さいばい
じゅうそく
じゅくすい
じゅんたく
たいぜん
ひきん
ひんきゅう
ふへん

標準解答	解 説

1 [卑近]
高遠：すぐれており、高尚なこと。
卑近：日常のありふれたこと。

2 [充足]
欠乏：必要なものがたりていないこと。
充足：十分に満ちたりること。

3 [栽培]
自生：植物が自然に生え育つこと。
栽培：食用・薬用・観賞用に、植物をうえて育てること。

4 [献上]
下賜：身分の高い人が下の者に金品を与えること。
献上：主君や貴人に物を差しあげること。

5 [貧窮]
富裕：富んで豊かに栄えていること。
貧窮：まずしくて、生活が苦しいこと。

6 [潤沢]
豊富：物がたっぷりあること。
潤沢：物がたくさんあること。

7 [熟睡]
安眠：ぐっすりとねむること。
熟睡：十分にねむること。

8 [畏敬]
崇拝：尊いものとあがめうやまうこと。
畏敬：崇高なものや偉大な人物をおそれうやまうこと。

9 [普遍]
一般：多くの場合に当てはまること。
普遍：全てに共通すること。

10 [泰然]
沈着：落ち着いていること。
泰然：落ち着きはらって、物事に動じないさま。

読み

部首

熟語の構成

四字熟語

対義語・類義語

同音・同訓異字

誤字訂正

送りがな

書き取り

対義語・類義語⑥

次の1～5の**対義語**、6～10の**類義語**を[____]内から選び、
漢字で記せ。[____]内の語は一度だけ使うこと。

□ 1		禁欲	[　　　]
□ 2		進出	[　　　]
□ 3	対義語	狭量	[　　　]
□ 4		純白	[　　　]
□ 5		蓄積	[　　　]
□ 6		将来	[　　　]
□ 7		脅迫	[　　　]
□ 8	類義語	隷従	[　　　]
□ 9		同等	[　　　]
□ 10		折衝	[　　　]

いかく
かんだい
きょうじゅん
きょうらく
こうしょう
しっこく
しょうもう
ぜんと
てったい
ひってき

解　説

1 [享楽]

禁欲：人間に備わっているさまざまな欲望、特に性欲をおさえること。
享楽：思いのままにたのしみを味わうこと。

2 [撤退]

進出：新しい分野や場所などに進み出ること。
撤退：軍隊が、陣地などを取り払ってしりぞくこと。

3 [寛大]

狭量：他人を受け入れる心がせまく小さいこと。
寛大：心がひろく、ゆったりしていること。

4 [漆黒]

純白：まじりけのない白色。
漆黒：うるしを塗ったように、まっくろでつやのあること。

5 [消耗]

蓄積：たくわえていくこと。
消耗：ものを使い減らすこと。

6 [前途]

将来：これから先。
前途：これから先の人生。

7 [威嚇]

脅迫：他人にあることを行わせようと、おどしつけること。
威嚇：力を見せつけておどすこと。

8 [恭順]

隷従：ある者につきしたがうこと。
恭順：つつしんでしたがうこと。

9 [匹敵]

同等：価値・等級・程度などが同じであること。
匹敵：ほぼ対等であること。

10 [交渉]

折衝：利害などのくいちがう相手と話し合って問題を解決しようとすること。
交渉：相手にかけあうこと。

読み

部首

熟語の構成

四字熟語

対義語・類義語

同音・同訓異字

誤字訂正

送りがな

書き取り

対義語・類義語⑦

次の1～5の**対義語**、6～10の**類義語**を_____内から選び、**漢字**で記せ。_____内の語は一度だけ使うこと。

□ 1　圧勝　　　　　　　　　　[　　　]

□ 2　総合　　　　　　　　　　[　　　]

□ 3　委細　　対　　　　　　　[　　　]
　　　　　　義
　　　　　　語　がいりゃく
□ 4　密集　　　　けねん　　　[　　　]
　　　　　　　　　こういん
□ 5　陳腐　　　　ざんしん　　[　　　]
　　　　　　　　　ざんぱい
　　　　　　　　　せつな
□ 6　歳月　　　　ちゆ　　　　[　　　]
　　　　　　　　　てんざい
□ 7　心配　　類　ぶんせき　　[　　　]
　　　　　　義　へんせん
　　　　　　語
□ 8　推移　　　　　　　　　　[　　　]

□ 9　回復　　　　　　　　　　[　　　]

□10　一瞬　　　　　　　　　　[　　　]

標準解答　　解説

1 [惨敗]
圧勝：大差をつけて勝つこと。
惨敗：さんざんに負けること。

2 [分析]
総合：個々のものを一つに合わせること。
分析：複雑な事物の構造を明らかにすること。

3 [概略]
委細：こまごまとしたこと。
概略：物事のあらまし。

4 [点在]
密集：すきまがないほど、ぎっしりと集まっていること。
点在：あちらこちらに散らばってあること。

5 [斬新]
陳腐：ありふれて古くさく、つまらないこと。
斬新：それまでにない独創的な考え方であたらしいこと。

6 [光陰]
歳月：としつき。
光陰：つきひ。

7 [懸念]
心配：気にかけて思いわずらうこと。
懸念：気になって心配すること。

8 [変遷]
推移：時がたつにつれて、状態がかわること。
変遷：時間の経過とともに移りかわること。

9 [治癒]
回復：失ったり悪くなったりした状態がもとどおりになること。
治癒：病気やけががなおること。

10 [刹那]
一瞬：まばたきをするくらいのわずかな時間。
刹那：ごく短い時間。

読み　部首　熟語の構成　四字熟語　**対義語・類義語**　同音・同訓異字　誤字訂正　送りがな　書き取り

183

対義語・類義語⑧

次の 1 ~ 5 の**対義語**、6 ~ 10 の**類義語**を ＿＿＿＿ 内から選び、**漢字**で記せ。＿＿＿＿ 内の語は一度だけ使うこと。

□ 1		理論	[ ]
□ 2		清浄	[ ]
□ 3	対義語	率先	[ ]
□ 4		古豪	[ ]
□ 5		謙虚	[ ]
□ 6		制約	[ ]
□ 7		激励	[ ]
□ 8	類義語	看過	[ ]
□ 9		遺恨	[ ]
□ 10		幽閉	[ ]

おだく
おんねん
かんきん
こぶ
じっせん
しんえい
そくばく
そんだい
ついずい
もくにん

標準解答		解　説

1 〔 実践 〕
理論（りろん）：物事の原理・原則に基づき、筋道にしたがって組み立てられた考え。
実践（じっせん）：考えたことをじっさいに行うこと。

2 〔 汚濁 〕
清浄（せいじょう）：清らかでけがれのないこと。
汚濁（おだく）：よごれてにごること。

3 〔 追随 〕
率先（そっせん）：自分から先に立って物事を行うこと。
追随（ついずい）：人のあとにつきしたがうこと。

4 〔 新鋭 〕
古豪（こごう）：経験を積んだ実力者。
新鋭（しんえい）：ある分野にあたらしく現れ出て、勢いがあり盛んなこと。また、そのものや人。

5 〔 尊大 〕
謙虚（けんきょ）：自分を誇らないでへりくだること。
尊大（そんだい）：偉そうにおおきな態度をとること。

6 〔 束縛 〕
制約（せいやく）：物事に条件をつけて、活動などを制限すること。
束縛（そくばく）：自由を制限すること。

7 〔 鼓舞 〕
激励（げきれい）：元気が出るようはげますこと。
鼓舞（こぶ）：気持ちを奮い立たせようとはげますこと。

8 〔 黙認 〕
看過（かんか）：あやまちや不正などを見逃すこと。
黙認（もくにん）：気づかないふりをしてだまって見逃すこと。

9 〔 怨念 〕
遺恨（いこん）：いつまでも忘れられないうらみ。
怨念（おんねん）：深くうらみに思う気持ち。

10 〔 監禁 〕
幽閉（ゆうへい）：ある場所に閉じこめて外に出さないこと。
監禁（かんきん）：閉じこめて行動の自由をうばうこと。

読み

部首

熟語の構成

四字熟語

対義語・類義語

同音・同訓異字

誤字訂正

送りがな

書き取り

対義語・類義語⑨

次の1〜5の**対義語**、6〜10の**類義語**を ┊┄┄┄┊ 内から選び、**漢字**で記せ。┊┄┄┄┊ 内の語は一度だけ使うこと。

☐ 1		従前		[ ]
☐ 2		酷寒		[ ]
☐ 3	対義語	興隆	あんたい えんしょ かじょう かもく こんい こんご ざんしん すいび ていたく てっきょ	[ ]
☐ 4		設置		[ ]
☐ 5		不足		[ ]
☐ 6		親密		[ ]
☐ 7		無口		[ ]
☐ 8	類義語	奇抜		[ ]
☐ 9		屋敷		[ ]
☐ 10		無事		[ ]

読み

部首

熟語の構成

四字熟語

対義語・類義語

同音・同訓異字

誤字訂正

送りがな

書き取り

（標準解答）　　　（解　説）

1 ［ 今後 ］
従前：いままで。
今後：いまからあと。

2 ［ 炎暑 ］
酷寒：ひどいさむさ。
炎暑：真夏の焼けつくようなきびしいあつさ。

3 ［ 衰微 ］
興隆：物事がおこり、盛んになること。
衰微：おとろえて弱まること。

4 ［ 撤去 ］
設置：施設・機材・機関などをつくりしつらえること。
撤去：建物や設備などを取り払うこと。

5 ［ 過剰 ］
不足：足りないこと。
過剰：多すぎてあまること。

6 ［ 懇意 ］
親密：非常に親しく仲のよいこと。
懇意：親しくつきあっている間柄であること。

7 ［ 寡黙 ］
無口：言葉数の少ないこと。
寡黙：言葉数の少ないこと。

8 ［ 斬新 ］
奇抜：思いもよらないほど変わっていること。
斬新：それまでにない独創的な考え方であたらしいこと。

9 ［ 邸宅 ］
屋敷：敷地が広く、大きくりっぱな構えの家。
邸宅：りっぱで大きな家。

10 ［ 安泰 ］
無事：病気や事故など、特に変わったことがないこと。
安泰：心配ごともなく無事でやすらかなこと。

同音・同訓異字①

次の——線の**カタカナ**を**漢字**に直せ。

□□ 1 危険な場所から**セイカン**する。 [   ]

□□ 2 クラスの様子を**セイカン**していた。 [   ]

□□ 3 不祥事を起こした閣僚を**コウテツ**する。 [   ]

□□ 4 彼は**コウテツ**の意志を持つ。 [   ]

□□ 5 その意見には**シュコウ**しかねる。 [   ]

□□ 6 **シュコウ**を凝らした料理が並ぶ。 [   ]

□□ 7 恩師の**ソウレツ**に加わる。 [   ]

□□ 8 **ソウレツ**ないきざまを胸に刻む。 [   ]

□□ 9 同じ**カマ**の飯を食った間柄だ。 [   ]

□□ 10 **カマ**を使って草を刈る。 [   ]

標準解答　　　　　解説

1 [生還] 生還：危険を切りぬけ、いきて戻ってくること。

2 [静観] 静観：落ち着いて事のなりゆきをしずかに見守ること。

3 [更迭] 更迭：ある地位や役職の人をかえること。

4 [鋼鉄] 鋼鉄：とてもかたいことのたとえ。

5 [首肯] 首肯：承知してうなずくこと。

6 [趣向] 趣向：おもむきを出すための工夫。

7 [葬列] 葬列：遺体を墓地などへ運んでいく人々のぎょうれつ。

8 [壮烈] 壮烈：勇ましくはげしいこと。

9 [釜] 釜：飯を炊いたり湯をわかしたりする金属製の器。

10 [鎌] 鎌：草刈りなどに用いる農具。

読み 部首 熟語の構成 四字熟語 対義語・類義語 同音・同訓異字 誤字訂正 送りがな 書き取り

同音・同訓異字②

次の——線の**カタカナ**を**漢字**に直せ。

☐☐ 1 **コショウ**に水鳥が飛来する。　　[　　　　]

☐☐ 2 状況により相手の**コショウ**を変える。[　　　　]

☐☐ 3 出産、入学と**ケイジ**が続く。　　[　　　　]

☐☐ 4 神からの**ケイジ**を受け取る。　　[　　　　]

☐☐ 5 英雄を将軍として**スイタイ**する。[　　　　]

☐☐ 6 宴会で**スイタイ**をさらす。　　　[　　　　]

☐☐ 7 都心から**コウガイ**へ引っ越しをする。[　　　　]

☐☐ 8 論文の**コウガイ**をまとめた。　　[　　　　]

☐☐ 9 世帯主との続き**ガラ**を記す。　　[　　　　]

☐☐ 10 貝**ガラ**を耳に当てる。　　　　[　　　　]

（標準解答）　　　　（解　説）

1	湖沼	湖沼：みずうみやぬまなど、水がたまったくぼ地のこと。
2	呼称	呼称：名づけてよぶこと。また、そのよび名。
3	慶事	慶事：結婚・出産などのめでたいこと。
4	啓示	啓示：人間の力ではわからないことを神が教えしめすこと。
5	推戴	推戴：おしいただくこと。
6	酔態	酔態：酒によった姿や様子。
7	郊外	郊外：市街地周辺の、まだ田畑が残っている地域。
8	梗概	梗概：文章や事件のあらまし。
9	柄	続き柄：親族の関係。
10	殻	貝殻：貝類の外側の硬いから。

読み

部首

熟語の構成

四字熟語

対義語・類義語

同音・同訓異字

誤字訂正

送りがな

書き取り

191

同音・同訓異字③

次の——線の**カタカナ**を**漢字**に直せ。

1 開会式で選手**センセイ**をした。　　［　　　］

2 **センセイ**政治の時代が続いた。　　［　　　］

3 銀行に**ユウシ**を申し込む。　　　　［　　　］

4 **ユウシ**鉄線を張りめぐらす。　　　［　　　］

5 路線バスの**ケイトウ**を調べる。　　［　　　］

6 フランス文学に**ケイトウ**している。　［　　　］

7 常に**ビボウ**録を携帯する。　　　　［　　　］

8 まれに見る**ビボウ**の持ち主だ。　　［　　　］

9 椅子に座って足を**ク**む。　　　　　［　　　］

10 先方の意向を**ク**む。　　　　　　［　　　］

標準解答　　　　解　説

1 [宣誓] 宣誓：ちかいの言葉を述べること。

2 [専制] 専制：権力を持つ者が、自分の思うとおりに決定し、行うこと。

3 [融資] 融資：事業などの元となる金を貸すこと。

4 [有刺] 有刺：とげが出ていること。

5 [系統] 系統：順序や法則により、まとまりのあるつながり。

6 [傾倒] 傾倒：ある物事に興味を持ち、夢中になること。

7 [備忘] 備忘：わすれたときのための用意。

8 [美貌] 美貌：顔かたちのうつくしいこと。

9 [組] 組む：交差させる。

10 [酌] 酌む：人の気持ちを思いやる。

読み
部首
熟語の構成
四字熟語
対義語・類義語
同音・同訓異字
誤字訂正
送りがな
書き取り

193

同音・同訓異字④

次の——線の**カタカナ**を**漢字**に直せ。

□□ 1 彼は、眼光**シハイ**に徹する批評家だ。　[　　　　]

□□ 2 優勝したチームに**シハイ**が授与された。　[　　　　]

□□ 3 夏の制服は**カイキン**シャツだ。　[　　　　]

□□ 4 卒業式で**カイキン**賞をもらった。　[　　　　]

□□ 5 学歴**サショウ**が発覚した。　[　　　　]

□□ 6 渡航前に**サショウ**申請を行う。　[　　　　]

□□ 7 **シンシ**らしく振る舞う。　[　　　　]

□□ 8 **シンシ**な態度で教えを乞う。　[　　　　]

□□ 9 締め切りが**マ**近に迫っている。　[　　　　]

□□ 10 野球帽を**マ**深にかぶる。　[　　　　]

標準解答	解 説
1 〔 紙背 〕	紙背：紙の裏。文章に書かれていない裏の意味。✏「眼光紙背に徹す」は「文面にない深い意味を読み取る」という意味。
2 〔 賜杯 〕	賜杯：天皇などが競技の勝者に与えるカップ。
3 〔 開襟 〕	開襟：折ってひらいた形のえり。
4 〔 皆勤 〕	皆勤：一定の期間中、休日以外一日も休まずに出席または出社すること。
5 〔 詐称 〕	詐称：職業・経歴・氏名などをいつわって言うこと。
6 〔 査証 〕	査証：パスポートの裏書き。ビザ。
7 〔 紳士 〕	紳士：気品と教養があり、礼儀正しい人。
8 〔 真摯 〕	真摯：まじめでひたむきなさま。
9 〔 間 〕	間近：距離や期限がすぐそこに迫っているさま。
10 〔 目 〕	目深：目を隠すようにすっぽりとかぶる様子。

読み

部首

熟語の構成

四字熟語

対義語・類義語

同音・同訓異字

誤字訂正

送りがな

書き取り

195

同音・同訓異字⑤

次の——線の**カタカナ**を**漢字**に直せ。

□□ 1	市場で値引きの**コウショウ**をする。	[　　　]
□□ 2	**コウショウ**な理想を唱える。	[　　　]

□□ 3	暖かい南国で**シフク**の時を過ごす。	[　　　]
□□ 4	賄賂で**シフク**を肥やす。	[　　　]

□□ 5	**コウバイ**の急な坂道をゆっくりと進む。	[　　　]
□□ 6	広告を使って**コウバイ**意欲をそそる。	[　　　]

□□ 7	彼は簡単に**ゼンゲン**を翻す。	[　　　]
□□ 8	売り上げが**ゼンゲン**している。	[　　　]

□□ 9	目の**ツ**んだ布地で袋を縫う。	[　　　]
□□ 10	部屋には庭で**ツ**んだ花が生けてある。	[　　　]

196

（標準解答）　　　（解　説）

1 ［ 交渉 ］ 交渉：ある問題について相手と話し合うこと。

2 ［ 高尚 ］ 高尚：上品で、けだかい様子。

3 ［ 至福 ］ 至福：この上もないしあわせ。

4 ［ 私腹 ］ 私腹：自分の財産・利益。

5 ［ 勾配 ］ 勾配：傾斜の度合い。

6 ［ 購買 ］ 購買：買うこと。

7 ［ 前言 ］ 前言：まえに述べたことば。

8 ［ 漸減 ］ 漸減：徐々にへること。

9 ［ 詰 ］ 詰む：すき間がなくなる。

10 ［ 摘 ］ 摘む：指先やはさみなどで切り取る。

読み

部首

熟語の構成

四字熟語

対義語・類義語

同音・同訓異字

誤字訂正

送りがな

書き取り

誤字訂正①

次の各文にまちがって使われている**同じ読みの漢字**が**一字**ある。
誤字と、**正しい漢字**を答えよ。

誤　　　正

☐☐ 1　旅行先で予想外の出来事に槽遇し、すっかり混乱したため親しい友人に電話で相談した。　　[　]→[　]

☐☐ 2　公共事業の積算金額に誤りがあったと指的を受けて、複数職員によるチェック体制の強化と徹底を図る。　　[　]→[　]

☐☐ 3　先日発売された製品は、他社と比較して価格は半分でありながら機能や品質に遜飾はないと思える。　　[　]→[　]

☐☐ 4　元横綱が師称と名跡を交換し、有名力士を輩出している相撲部屋を継承することになった。　　[　]→[　]

☐☐ 5　糖質のとり過ぎは体脂肪の増加につながるが、接取量を極端に制限すると基礎代謝が低下する恐れがある。　　[　]→[　]

☐☐ 6　彼は富有な家で出生したが、飲酒や賭け事に夢中になり、今は窮迫した生活を送っている。　　[　]→[　]

☐☐ 7　私は胃を煩って以来、医師の指導に基づき、毎日の食事を規則正しい時間にとるように心がけている。　　[　]→[　]

（標準解答）　　　（解　説）
　誤　　正

1 ［槽］→［遭］ 遭遇：予期しない事柄などに、思いがけず出あうこと。

2 ［的］→［摘］ 指摘：物事の重要な点や悪い点を取り上げて、具体的に示すこと。

3 ［飾］→［色］ 遜色：ほかとくらべて劣っていること。

4 ［称］→［匠］ 師匠：学問・技芸などを教える人。

5 ［接］→［摂］ 摂取：外部から自分の体内にとり入れること。

6 ［有］→［裕］ 富裕：とんで豊かに栄えていること。

7 ［煩］→［患］ 患う：病気になる。

読み / 部首 / 熟語の構成 / 四字熟語 / 対義語・類義語 / 同音・同訓異字 / 誤字訂正 / 送りがな / 書き取り

誤字訂正②

次の各文にまちがって使われている**同じ読みの漢字**が**一字**ある。
誤字と、**正しい漢字**を答えよ。

誤　　　正

□
□ 1　鯨は水中で暮らしているが捕乳類なので、水面で頭の上にある鼻から息を吸って肺呼吸を行う。　〔　〕→〔　〕

□
□ 2　電子機器に必要な半導体の不足は、解消の見込みがないために部品の争脱戦が繰り広げられている。　〔　〕→〔　〕

□
□ 3　激しい豪雨や洪水が賓繁に起こるため、企業や住民と協力して水害対策を行う自治体が増えた。　〔　〕→〔　〕

□
□ 4　バス旅行は径谷からの美しい眺望が楽しめるだけでなく、森林浴や川下りなども満喫できる。　〔　〕→〔　〕

□
□ 5　飲酒運転で事故を起こした場合、運転手の飲酒を知りつつ車を提供した人も刑事罰に所せられる。　〔　〕→〔　〕

□
□ 6　小学生が市内に残る石仏の版画を制作し、希望者に頒布して得た七万円を地元の文化団体に記贈した。　〔　〕→〔　〕

□
□ 7　発見された遺体の後頭部には応打されたような痕があり、警察は殺人事件として捜査を開始した。　〔　〕→〔　〕

（標準解答）　　　　　（　解　説　）
　誤　　正

1 ［捕］→［哺］　哺乳類：脊椎動物の中で、子にちちを与えて育てる動物。

2 ［脱］→［奪］　争奪：あらそい合ってうばい取ること。

3 ［賓］→［頻］　頻繁：たびたびおこるさま。

4 ［径］→［渓］　渓谷：たにま。

5 ［所］→［処］　処する：ばつを与える。

6 ［記］→［寄］　寄贈：物品を相手におくり与えること。

7 ［応］→［殴］　殴打：ひどくなぐること。

読み
部首
熟語の構成
四字熟語
対義語・類義語
同音・同訓異字
誤字訂正
送りがな
書き取り

201

誤字訂正③

次の各文にまちがって使われている**同じ読み**の漢字が**一字**ある。
誤字と、**正しい漢字**を答えよ。

誤　　正

□□ 1 温暖化により氷河の消失が進むと、小さな無脊椎動物などの命を支えてきた沸き水の減少につながる。 [　]→[　]

□□ 2 一つの王朝が倒れると、天下統一を目指して群雄が割居する乱世に突入することは珍しくない。 [　]→[　]

□□ 3 高速道路での工事による渋滞の発生を欲制するために、夜間の車線規制のみで工事可能な手法が開発された。 [　]→[　]

□□ 4 泥酔している男性に警察官が声をかけたところ、包丁を所持していたので銃刀法遺反の疑いで逮捕した。 [　]→[　]

□□ 5 欧米諸国に強いつながりを持つ代理店を改して、海外における自社製品の販売拡大を図る。 [　]→[　]

□□ 6 子どもが誤飲する品目は薬が最も多く重督な健康被害が出た例もあり、取り扱いには細心の注意を求める。 [　]→[　]

□□ 7 会社の危機を乗り越えるため、取締役会での指名を受けて社長が退任後に雇問を務めることが決定した。 [　]→[　]

標準解答　　　　　　解　説

誤　　正

1　[沸]→[湧]　湧き水：地中からわきでてくる水。

2　[居]→[拠]　割拠：実力者たちが、それぞれの領地などよりどころとなる場所で勢力を張ること。

3　[欲]→[抑]　抑制：盛んになろうとする勢いをおさえとどめること。

4　[遺]→[違]　違反：法律や規則などに従わないこと。

5　[改]→[介]　介する：間に入れる。仲立ちとする。

6　[督]→[篤]　重篤：病状が非常に悪いこと。

7　[雇]→[顧]　顧問：会社や団体などで相談をうけて助言をする役。

読み

部首

熟語の構成

四字熟語

対義語・類義語

同音・同訓異字

誤字訂正

送りがな

書き取り

誤字訂正④

次の各文にまちがって使われている**同じ読み**の漢字が**一字**ある。
誤字と、**正しい漢字**を答えよ。

誤　　正

□
□ 1 受験シーズンが近づくと、多くの人が参拝に訪れ志望校合格を寄願した絵馬を境内に掲げる。　[　]→[　]

□
□ 2 その治療薬開発には棒大な資金と長い年月が必要となるため、費用対効果に疑問の声が上がった。　[　]→[　]

□
□ 3 これまで目立った成績のない無名のランナーが、世界新記録に匹敵する恐異的な走りで観客を沸かせた。　[　]→[　]

□
□ 4 第二次世界大戦中に激沈された艦船を、海底から引きあげる作業に数か月が費やされた。　[　]→[　]

□
□ 5 以前から機惧されていた通り、データ管理に問題があり、個人情報が流出してしまった。　[　]→[　]

□
□ 6 放火の罪に問われ懲役三年の判決を受けたが、被告人は判決を不服とし即口梗訴した。　[　]→[　]

□
□ 7 地区内でも窟指の強豪チームと対戦し、チーム一丸となって奮戦したが力及ばず敗北した。　[　]→[　]

標準解答（誤 正）　解説

読み 部首 熟語の構成 四字熟語 対義語・類義語 同音・同訓異字 誤字訂正 送りがな 書き取り

1 寄→祈　祈願：神仏にいのりねがうこと。

2 棒→膨　膨大：量や規模が非常におおきいこと。

3 恐→驚　驚異的：びっくりするほどすばらしいさま。

4 激→撃　撃沈：敵を攻めて船をしずめること。

5 機→危　危惧：心配し、おそれること。

6 梗→控　控訴：裁判で、第一審の判決について、判決の取り消し・変更を上級裁判所に求めること。

7 窟→屈　屈指：特に優れていること。

205

誤字訂正⑤

次の各文にまちがって使われている**同じ読み**の漢字が**一字**ある。
誤字と、**正しい漢字**を答えよ。

誤　　正

□ 1 江戸時代に大名家で繰り広げられた
内紛は、お家争動として講談などで　　[　]→[　]
取り上げられ庶民にも知れわたった。

□ 2 社会福祉施設において、高齢者に対
して不当な身体硬束を行うといった　　[　]→[　]
虐待の事例が多発している。

□ 3 雲行きが怪しいと感じた一行は登頂
を断念したが、帰徒激しい暴風雨に　　[　]→[　]
襲われて立ち往生してしまった。

□ 4 長時間マスクを着用することによる
皮譜の荒れやかゆみなどの症状を訴　　[　]→[　]
える患者が急増している。

□ 5 火山性地震が頻発しているため、気
象庁は突発的な火山灰の奮出などに　　[　]→[　]
注意するよう呼びかけている。

□ 6 中国の宮廷を舞台にした権力踏争を
描いたドラマが、社会に悪影響を及　　[　]→[　]
ぼすとして放送中止となった。

□ 7 高性能レーダー搭載の衛星は、地震
による地殻変動や海岸線の変化を観　　[　]→[　]
測し災害対策に寄預する。

標準解答　　　　　　解　説

誤　　正

読み

部首

熟語の構成

四字熟語

対義語・類義語

同音・同訓異字

誤字訂正

送りがな

書き取り

1　[争]→[騒]　騒動（そうどう）：もめごとや、あらそい。

2　[硬]→[拘]　拘束（こうそく）：身柄をおさえ、縛ること。

3　[徒]→[途]　帰途（きと）：かえり道。

4　[譜]→[膚]　皮膚（ひふ）：動物の体の表面をおおい包んでいる組織。

5　[奮]→[噴]　噴出（ふんしゅつ）：強くふきでること。

6　[踏]→[闘]　闘争（とうそう）：たたかうこと。あらそい。

7　[預]→[与]　寄与（きよ）：国家や社会に対して役に立つこと。

誤字訂正⑥

次の各文にまちがって使われている**同じ読みの漢字**が**一字**ある。
誤字と、**正しい漢字**を答えよ。

誤　　　正

☐☐ 1 開発事業を見直し、岩礁や干型に生息するさまざまな生物の保護を求める機運が高まりつつある。 〔　〕→〔　〕

☐☐ 2 悪政に対して我慢の限界を超えた民衆が各地で一斉に砲起し、歴史に残る出来事となった。 〔　〕→〔　〕

☐☐ 3 高校野球の準決勝で両勇相まみえることとなり、多くの観客が見守る中白熱した試合が繰り広げられた。 〔　〕→〔　〕

☐☐ 4 飼育されていた外来生物が逃げ出し野生化すると、在来種の生態形に大きな影響を与える。 〔　〕→〔　〕

☐☐ 5 各国で長く続いた戦争の講和条約が諦結されたと報道され、多くの民衆は歓喜した。 〔　〕→〔　〕

☐☐ 6 豪雨でダムが決壊し川が氾濫した町の住民は、この散事を忘れないようにと綿密な記録を作成した。 〔　〕→〔　〕

☐☐ 7 治療方法が確立していなかった難病に対する新薬が開発され、近く臨症試験が開始される予定だ。 〔　〕→〔　〕

標準解答

解　説

1 [型]→[潟]　干潟：遠浅の海で引き潮のときに現れる浅瀬。

2 [砲]→[蜂]　蜂起：大勢の人が反乱などをおこすこと。

3 [勇]→[雄]　両雄：二人の偉大な人物。

4 [形]→[系]　生態系：ある地域に生息する生き物とそれを取り巻く自然環境を包括した全体。

5 [諦]→[締]　締結：条約や契約を取りむすぶこと。

6 [散]→[惨]　惨事：むごたらしい出来事。

7 [症]→[床]　臨床：実際に病人に接して診察し治療すること。

読み

部首

熟語の構成

四字熟語

対義語・類義語

同音・同訓異字

誤字訂正

送りがな

書き取り

誤字訂正⑦

次の各文にまちがって使われている**同じ読みの漢字**が**一字**ある。
誤字と、**正しい漢字**を答えよ。

誤　　正

☐ **1** 被疑者の犯行を立証するための証拠がそろったので、警察官が退捕状を請求した。 [　]→[　]

☐ **2** 通信販売の需要が高まる中、配送員の過酷な労働環境に起引する過労死や離職の増加が懸念されている。 [　]→[　]

☐ **3** 昨日の厳しい暑さは叙の口で、今後も猛暑が続くことが予想されるので熱中症に警戒すべきだ。 [　]→[　]

☐ **4** 最終損益が過去最悪の数字となったことを受け、会社は経営体制を札新することに踏み切った。 [　]→[　]

☐ **5** 事故で亡くなった犠牲者を供養する慰霊祭が行われ、参列者は不慮の死を遂げた人々の命福を祈った。 [　]→[　]

☐ **6** 米国で、捜査中の警察官が犯人の発放を受けた際に銃弾が肩をかすめたが、命拾いした。 [　]→[　]

☐ **7** 非接嘱で料金の支払いが完了できる決済端末を導入する店舗が増えてきている。 [　]→[　]

標準解答　誤　正

解　説

1 ［退］→［逮］ 逮捕：容疑者や犯人をつかまえること。

2 ［引］→［因］ 起因：ある事柄をおこす直接の事由となること。

3 ［叙］→［序］ 序の口：ある物事が始まったばかりで本格的でないこと。

4 ［札］→［刷］ 刷新：悪い点を全て取りのぞいて、あたらしくすること。

5 ［命］→［冥］ 冥福：あの世での安らかさ。

6 ［放］→［砲］ 発砲：小銃などの弾丸を発射すること。

7 ［嘱］→［触］ 接触：近づいてふれること。

読み　部首　熟語の構成　四字熟語　対義語・類義語　同音・同訓異字　誤字訂正　送りがな　書き取り

誤字訂正⑧

次の各文にまちがって使われている**同じ読みの漢字**が**一字**ある。
誤字と、**正しい漢字**を答えよ。

誤　　　正

□ 1 水泳は心肺機能に負科をかけて全身
　　 持久力を向上させるので、生活習慣　[　]→[　]
　　 病の予防に効果的である。

□ 2 掘搾作業中に突然側面の土砂が崩壊
　　 し、作業員の頭に土塊が直撃する事　[　]→[　]
　　 故が発生した。

□ 3 物価の高騰をうけ金縮財政路線へ転
　　 換したが、経済成長に弊害をもたら　[　]→[　]
　　 すと指摘する評論家もいる。

□ 4 翌年の春に急広配の傾斜地に杉を植
　　 林する予定だったが、豪雨による土　[　]→[　]
　　 砂崩れで計画は延期となった。

□ 5 特促状や少額訴訟手続きを悪用した
　　 架空請求詐欺の被害が拡大しており、[　]→[　]
　　 注意喚起の広告が作成された。

□ 6 動物園では、絶滅が危惧される動物
　　 の保護と種の保存を目的とした飼育　[　]→[　]
　　 や煩殖の取り組みを行っている。

□ 7 海外で大規募な災害が発生した場合、
　　 国は資金援助だけでなく人的支援を　[　]→[　]
　　 行うことがある。

1回目
/7問

2回目
/7問

▶▶▶1章
▶▶▶2章
▶▶▶3章

標準解答　　　　　　解　説
誤　　正

読み

部首

熟語の構成

四字熟語

対義語・類義語

同音・同訓異字

誤字訂正

送りがな

書き取り

1 [科]→[荷] 負荷：消費するエネルギーの量。

2 [搾]→[削] 掘削：土や岩などをほって穴をあけること。

3 [金]→[緊] 緊縮：引き締めること。また、支出を切り詰めること。

4 [広]→[勾] 勾配：かたむきの度合い。

5 [特]→[督] 督促：せきたてること。

6 [煩]→[繁] 繁殖：生物がさかんに生まれ、ふえること。

7 [募]→[模] 大規模：つくりや計画などが大がかりなさま。

誤字訂正⑨

次の各文にまちがって使われている**同じ読み**の漢字が**一字**ある。
誤字と、**正しい漢字**を答えよ。

誤　　正

☐☐ 1 発酵食品を取り入れることは腸内環境を整えることにつながり、新陳対謝アップや肥満防止が期待される。

[　]→[　]

☐☐ 2 間衝地帯は非武装地帯となっており、双方の兵力を引き離し、一方からの侵攻を防ぐ役割がある。

[　]→[　]

☐☐ 3 今春成り物入りで加入した選手は活躍を期待されたが、右膝の負傷で早々に戦線離脱した。

[　]→[　]

☐☐ 4 第二次世界大戦後、戦火を免れた劇場や百貨店、病院などさまざまな施設が米軍に接集された。

[　]→[　]

☐☐ 5 来日したサーカス団の迫力ある見事な演技に、訪れた観客は盛大な拍手活采を送った。

[　]→[　]

☐☐ 6 精神保健指定医の資格を虚偽申請で不正に取得させることが状態化していた病院に、調査のメスが入った。

[　]→[　]

☐☐ 7 線虫ががん患者特有の尿の臭いを好むということを利用した、格期的ながん検査技術が開発されつつある。

[　]→[　]

214

標準解答　　　　解　説
誤　正

1 [対]→[代]　代謝：古いものが新しいものと入れかわること。

2 [間]→[緩]　緩衝：対立するもののあいだにあって、その不和などを和らげること。

3 [成]→[鳴]　鳴り物：楽器。
✏ 「鳴り物入り」は、「おおげさに宣伝すること」という意味。

4 [集]→[収]　接収：国家など権力を持つ機関が、強制的に個人の所有物を取り上げること。

5 [活]→[喝]　喝采：歓声をあげたり、手をたたいたりしてほめそやすこと。

6 [状]→[常]　常態：ふだんの様子。

7 [格]→[画]　画期的：新しい時代を開くほど、すぐれているさま。

誤字訂正⑩

次の各文にまちがって使われている**同じ読みの漢字**が**一字**ある。
誤字と、**正しい漢字**を答えよ。

誤　　正

□□ 1 京都や奈良には名殺があるため、日本らしい風情ある景色を楽しもうと多くの外国人旅行者が訪れる。 [ ]→[ ]

□□ 2 医学の発展を願う故人の希望により、解肪学の教材として遺体が献体されることとなった。 [ ]→[ ]

□□ 3 海底熱水鉱礁には亜鉛や金などが含まれており、貴重な海洋資源の一つとして注目されている。 [ ]→[ ]

□□ 4 大型商業施設の開業によって交通渋滞が発生し、路上駐車も押行したため、周辺住民の不満が慕っている。 [ ]→[ ]

□□ 5 誘怪された少女が、幹線道路沿いを靴も履かずに歩いているところを発見され、無事に保護された。 [ ]→[ ]

□□ 6 古典から現代文学に至るまで日本文学に造詣の深い米国出身の研究者が、文化訓章を受章した。 [ ]→[ ]

□□ 7 犯罪手法の具体的な報道は、社会への影響を考慮し自縮するよう各放送局に配慮が求められている。 [ ]→[ ]

▶▶▶ 1章
▶▶▶ 2章
▶▶▶ 3章

1回目
／ 7問

2回目
／ 7問

標準解答
誤　　正

解　説

読み

部首

熟語の構成

四字熟語

対義語・類義語

同音・同訓異字

誤字訂正

送りがな

書き取り

1　[殺]→[刹]　名刹:由緒ある、名を知られた寺院。

2　[肪]→[剖]　解剖:生体の形態や構造・死因などを調べるため、体を切り開くこと。

3　[礁]→[床]　鉱床:地殻の中で、有用な鉱物が多量に集まっているところ。

4　[押]→[横]　横行:悪いことが世間で多くおこなわれること。

5　[怪]→[拐]　誘拐:人をだましてさそい出し、連れて行くこと。

6　[訓]→[勲]　勲章:国家や社会に功労があった人に、国が与える記章。

7　[縮]→[粛]　自粛:みずから進んで言動を慎むこと。

送りがな①

次の——線の**カタカナ**を**漢字一字**と**送りがな（ひらがな）**に直せ。
〈例〉問題に**コタエル**。〔 答える 〕

☐☐ 1 **シイタゲ**られた民衆を救いたい。 〔　　　　　〕

☐☐ 2 両者の意見には**ヘダタリ**がある。 〔　　　　　〕

☐☐ 3 さまざまな工夫を**コラス**。 〔　　　　　〕

☐☐ 4 屋上に看板を**カカゲル**。 〔　　　　　〕

☐☐ 5 剣を**タズサエ**た騎士が馬に乗っている。 〔　　　　　〕

☐☐ 6 急な来客に**アワテル**。 〔　　　　　〕

☐☐ 7 議員の名を**ハズカシメル**行為だ。 〔　　　　　〕

☐☐ 8 暑くて食欲が**オトロエル**。 〔　　　　　〕

☐☐ 9 食事をする時間も**オシム**。 〔　　　　　〕

☐☐ 10 兄は**オダヤカナ**性格だ。 〔　　　　　〕

1回目	2回目
/10問	/10問

▶▶▶ 1章
▶▶▶ 2章
▶▶▶ 3章

標準解答	解 説

1 [虐げ] 虐げる：むごたらしく扱う。

2 [隔たり] 隔たり：二つのものの間に距離があって離れていること。
他の例 隔てる

3 [凝らす] 凝らす：一心に考えをめぐらす。
他の例 凝る

4 [掲げる] 掲げる：人目につくように高くさし上げる。

5 [携え] 携える：手に提げたり、身につけたりして持つ。
他の例 携わる

6 [慌てる] 慌てる：落ち着きを失う。
他の例 慌ただしい

7 [辱める] 辱める：はじをかかせる。

8 [衰える] 衰える：力や勢いなどが弱まる。

9 [惜しむ] 惜しむ：大切に思う。大事にする。
他の例 惜しい

10 [穏やかな] 穏やかだ：落ち着いている。
ここに注意✕ 穏やか…──線部分がどこまでかをよく確認しよう。

読み
部首
熟語の構成
四字熟語
対義語・類義語
同音・同訓異字
誤字訂正
送りがな
書き取り

219

送りがな②

次の──線の**カタカナ**を**漢字一字**と**送りがな（ひらがな）**に直せ。
〈例〉問題に**コタエル**。〔 答える 〕

☐☐ 1 行く手を<u>ハバム</u>大きな岩の壁がある。〔　　　〕

☐☐ 2 遺言通りに祖父を<u>ホウムル</u>。〔　　　〕

☐☐ 3 災害対策を<u>オコタラ</u>ないようにする。〔　　　〕

☐☐ 4 枝を拾って縄で<u>シバル</u>。〔　　　〕

☐☐ 5 自らを<u>イヤシメル</u>行いだ。〔　　　〕

☐☐ 6 常識を<u>クツガエス</u>発想に感心する。〔　　　〕

☐☐ 7 地域のボランティアを<u>ツノル</u>。〔　　　〕

☐☐ 8 収穫した米を神仏に<u>タテマツル</u>。〔　　　〕

☐☐ 9 <u>マギラワシイ</u>言葉に頭を悩ます。〔　　　〕

☐☐ 10 クチナシの花の香りが<u>カンバシイ</u>。〔　　　〕

標準解答	解　説	
1 〔 阻む 〕	阻む：進もうとするのを妨げる。	読み
2 〔 葬る 〕	葬る：死体や遺骨を墓に納める。	部首
3 〔 怠ら 〕	怠る：しなければならないことを、しないままでいる。 **他の例** 怠ける	熟語の構成
4 〔 縛る 〕	縛る：縄やひもなどで結びつけ、離れないようにする。	四字熟語
5 〔 卑しめる 〕	卑しめる：いやしい者として見下す。 **他の例** 卑しい、卑しむ **よくあるX** 卑める	対義語・類義語
6 〔 覆す 〕	覆す：ひっくり返す。 **他の例** 覆う、覆る	同音・同訓異字
7 〔 募る 〕	募る：広く求めて集める。	誤字訂正
8 〔 奉る 〕	奉る：神仏や身分の高い人に差し上げる。	
9 〔 紛らわしい 〕	紛らわしい：よく似ていて区別がつきにくい。 **他の例** 紛れる、紛らす　など	**送りがな**
10 〔 芳しい 〕	芳しい：上品な香りである。	書き取り

221

送りがな③

次の——線の**カタカナ**を漢字一字と**送りがな（ひらがな）**に直せ。
〈例〉問題に**コタエル**。〔 答える 〕

☐☐ 1　騒音で安眠が**サマタゲ**られた。　　〔　　　　　〕

☐☐ 2　パンがおいしそうに**フクラム**。　　〔　　　　　〕

☐☐ 3　勝利の旗が**ヒルガエル**。　　〔　　　　　〕

☐☐ 4　ろうそくの炎が風で**ユラグ**。　　〔　　　　　〕

☐☐ 5　かつて国を**スベル**王の力は絶大だった。　　〔　　　　　〕

☐☐ 6　自慢げに胸を**ソラス**。　　〔　　　　　〕

☐☐ 7　希望は**クチル**ことがない。　　〔　　　　　〕

☐☐ 8　遠くの町の灯が**マタタイ**ている。　　〔　　　　　〕

☐☐ 9　**オオセ**のとおりにいたします。　　〔　　　　　〕

☐☐ 10　その行動は実に**ナゲカワシイ**。　　〔　　　　　〕

（標準解答） （解 説）

1 [妨げ] 妨げる：じゃまをする。

2 [膨らむ] 膨らむ：内から外へ大きく盛り上がる。
他の例 膨れる

3 [翻る] 翻る：風にひらめく。
他の例 翻す

4 [揺らぐ] 揺らぐ：ゆれ動く。
他の例 揺れる、揺さぶる　など

5 [統べる] 統べる：一つにまとめて支配する。
ある✕ 統る

6 [反らす] 反らす：まっすぐなものを弓なりに曲げる。
他の例 反る

7 [朽ちる] 朽ちる：勢いや名声などが衰える。

8 [瞬い] 瞬く：火や星がちらちらと光る。

9 [仰せ] 仰せ：目上の人の言いつけや命令。
他の例 仰ぐ

10 [嘆かわしい] 嘆かわしい：なげかずにはいられない。
他の例 嘆く

読み
部首
熟語の構成
四字熟語
対義語・類義語
同音・同訓異字
誤字訂正
送りがな
書き取り

223

送りがな④

次の——線の**カタカナ**を**漢字一字**と**送りがな（ひらがな）**に直せ。
〈例〉問題に**コタエル**。〔 答える 〕

□□ 1 額から汗が**シタタル**。 〔　　　　〕

□□ 2 祭りのみこしを大勢で**カツグ**。 〔　　　　〕

□□ 3 落雷で木が真っ二つに**サケル**。 〔　　　　〕

□□ 4 雨水が天井から**モレル**。 〔　　　　〕

□□ 5 口うるさい友人を**ウトンジル**。 〔　　　　〕

□□ 6 器用に人形を**アヤツル**。 〔　　　　〕

□□ 7 自由時間は読書に**ツイヤス**。 〔　　　　〕

□□ 8 恩師を**イタミ**、思い出に浸る。 〔　　　　〕

□□ 9 仕事の**カタワラ**音楽活動をする。 〔　　　　〕

□□ 10 あのぶどうは**スッパイ**。 〔　　　　〕

標準解答　　　　　解説

1 [滴る] 滴る：水などがしずくとなって落ちる。

2 [担ぐ] 担ぐ：肩にのせて支える。
他の例 担う

3 [裂ける] 裂ける：一つのものが線状に切れて分かれる。
他の例 裂く

4 [漏れる] 漏れる：液体や光線がすき間からこぼれ出る。
他の例 漏る、漏らす

5 [疎んじる] 疎んじる：嫌ってよそよそしくする。
他の例 疎い

6 [操る] 操る：仕掛けた糸で、人形などを動かす。

7 [費やす] 費やす：使ってなくす。
他の例 費える
よる× 費す

8 [悼み] 悼む：死んだ人を思って悲しむ。

9 [傍ら] 傍ら：その一方では。合間に。

10 [酸っぱい] 酸っぱい：酸味がある。

読み　部首　熟語の構成　四字熟語　対義語・類義語　同音・同訓異字　誤字訂正　送りがな　書き取り

送りがな⑤

次の——線の**カタカナ**を**漢字一字**と**送りがな（ひらがな）**に直せ。
〈例〉問題に**コタエル**。〔 答える 〕

☐☐ 1 その任務は困難を**トモナウ**。 〔　　　　　〕

☐☐ 2 帰宅して居間で**イコウ**。 〔　　　　　〕

☐☐ 3 ソフトボール大会を**モヨオス**。 〔　　　　　〕

☐☐ 4 もう手の**ホドコシ**ようがない。 〔　　　　　〕

☐☐ 5 破れた服を**ツクロウ**。 〔　　　　　〕

☐☐ 6 ドアにスカートが**ハサマル**。 〔　　　　　〕

☐☐ 7 あまりの惨状に**イキドオリ**を覚えた。〔　　　　　〕

☐☐ 8 偽物ではないかと**アヤシム**。 〔　　　　　〕

☐☐ 9 **アヤマチ**を悔い改めるよう友人を諭した。 〔　　　　　〕

☐☐ 10 **ウルワシイ**歌声に耳を傾ける。 〔　　　　　〕

1回目
/10問

2回目
/10問

▶▶▶ 1章
▶▶▶ 2章
▶▶▶ 3章

標準解答 　　　　　解 説

1 [伴う] 伴(ともな)う：同時にあわせ持つ。

2 [憩う] 憩(いこ)う：休息する。
他の例 憩(いこ)い

3 [催す] 催(もよお)す：行事の計画を立て、準備して行う。

4 [施し] 施(ほどこ)す：必要な処置をとる。

5 [繕う] 繕(つくろ)う：破れたり壊れたりしたところを直す。

6 [挟まる] 挟(はさ)まる：物と物の間に入る。
他の例 挟(はさ)む

7 [憤り] 憤(いきどお)り：怒りや嘆き。非難したい気持ち。

8 [怪しむ] 怪(あや)しむ：どこか変だと思う。
他の例 怪(あや)しい

9 [過ち] 過(あやま)ち：間違い。失敗。
他の例 過(す)ぎる、過(す)ごす、過(あやま)つ

10 [麗しい] 麗(うるわ)しい：きちんと整っていて美しい。
よくある✕ 麗(うるわ)しい

読み

部首

熟語の構成

四字熟語

対義語・類義語

同音・同訓異字

誤字訂正

送りがな

書き取り

書き取り①

次の──線の**カタカナ**を**漢字**に直せ。

☐☐ 1 ぜいたく**ザンマイ**の暮らしをする。 [   ]

☐☐ 2 **ヨウカイ**が出てくる民話を読む。 [   ]

☐☐ 3 **ヒヨク**な黒土地帯について学ぶ。 [   ]

☐☐ 4 **ラチ**された被害者の行方を追う。 [   ]

☐☐ 5 美しい**ルリイロ**の宝石を手に入れる。[   ]

☐☐ 6 **アゴ**が落ちるほどおいしい。 [   ]

☐☐ 7 **カマ**でご飯を炊き、お湯を沸かす。 [   ]

☐☐ 8 独創的な味を**カモ**し出している。 [   ]

☐☐ 9 祭礼の**チゴ**行列が通る。 [   ]

☐☐10 口に**ミツ**あり、腹に剣あり。 [   ]

標準解答	解　説

1 〔 三昧 〕
〜三昧：そのことに熱中する様子。
ここ区 三味…味と混同しないように注意。味の部首は 日 （ひへん）、味は 口 （くちへん）。

2 〔 妖怪 〕
妖怪：不思議な力を持った化け物。
ここ区 妖に注意。右部分の形を確認しよう。
4〜5画目を続け字にしないこと。

3 〔 肥沃 〕
肥沃：土地の栄養分が十分で、作物の生育に適していること。

4 〔 拉致 〕
拉致：いやがる人を無理に連れ去ること。

5 〔 瑠璃色 〕
瑠璃色：紫がかった美しい青。
✎ 瑠、璃いずれも「美しい玉」という意味。

6 〔 顎 〕
顎が落ちる：食べたものがとてもおいしいことのたとえ。
ここ区 左部分の形を「号」と混同しないこと。

7 〔 釜 〕
釜：飯を炊いたりする金属製の器。
ここ区 窯…窯は「陶器などをやくかまど」という意味を表す別の漢字。

8 〔 醸 〕
醸す：状況・雰囲気などを、つくり出す。
ここ区 譲す…譲と混同しないように注意。醸の部首は 酉 （とりへん）、譲は 言 （ごんべん）。

9 〔 稚児 〕
稚児：祭りなどの行列に着飾って参加する子ども。
✎ 「稚児」は高校で学習する熟字訓・当て字。

10 〔 蜜 〕
口に蜜あり、腹に剣あり：優しいことを言いながら、心の中は陰険であること。

書き取り②

次の——線の**カタカナ**を**漢字**に直せ。

□ 1 よき**ハンリョ**と共に人生を歩む。　　[　　　]

□ 2 **ワイロ**の受け取りを拒絶した。　　[　　　]

□ 3 疑惑の**カチュウ**にある人物を追跡する。　　[　　　]

□ 4 チケット購入に**ベンギ**を図る。　　[　　　]

□ 5 宮殿の**テッピ**は閉ざされている。　　[　　　]

□ 6 **イ**まわしい思い出は忘れたい。　　[　　　]

□ 7 弓の**ツル**の張り具合を確かめる。　　[　　　]

□ 8 小豆を使って**シルコ**を作る。　　[　　　]

□ 9 **カマ**をかけて様子を見る。　　[　　　]

□ 10 **ノドモト**過ぎれば熱さを忘れる。　　[　　　]

標準解答　　　　　　解　説

1 伴侶
伴侶：連れだつ者、特に配偶者。
✎ 侶は「とも。ともがら。つれ。」という意味を持つ。

2 賄賂
賄賂：不正な目的で贈る金品。
✎ 賄、賂いずれも部首は貝（かいへん）。
貝（かいへん）はお金や財産を表す。

3 渦中
渦中：もめごとや混乱した事件のまっただなか。
✎ 「渦中」の渦は「うず」という意味。

4 便宜
便宜：物事をするうえで都合のよいこと。
✎ 宜は「よろしい。都合がよい。」という意味を持つ。

5 鉄扉
鉄扉：てつで作ったとびら。
✎ 扉（ひ）は高校で学習する音読み。
語例 門扉

6 忌
忌まわしい：不愉快である。
✎ 「忌（い）まわしい」は高校で学習する訓読み。

7 弦
弦：弓に張ってある糸。
✎ 弦（つる）は高校で学習する訓読み。

8 汁粉
汁粉：小豆を砂糖で甘く煮て餅などを入れたもの。

9 鎌
鎌をかける：言葉巧みに相手の本音を探る。

10 喉元
喉元過ぎれば熱さを忘れる：苦しいことも、過ぎ去ってしまえば忘れてしまうこと。

読み
部首
熟語の構成
四字熟語
対義語・類義語
同音・同訓異字
誤字訂正
送りがな
書き取り

書き取り③

次の——線の**カタカナ**を**漢字**に直せ。

□□ 1 <u>ネンポウ</u>二千万円で契約更改をした。 [　　　]

□□ 2 <u>ドウサツ</u>力の鋭い人だ。 [　　　]

□□ 3 大学で教職課程を<u>リシュウ</u>する。 [　　　]

□□ 4 <u>カブキ</u>の襲名披露公演を見にいく。 [　　　]

□□ 5 期待と不安が<u>コウサク</u>する。 [　　　]

□□ 6 任務を<u>スイコウ</u>するために努力する。 [　　　]

□□ 7 メダカがいる水槽の中に<u>モ</u>を入れた。 [　　　]

□□ 8 契約書の<u>タダ</u>し書きを読む。 [　　　]

□□ 9 問屋から商品を<u>オロシネ</u>で買う。 [　　　]

□□ 10 医者の<u>フヨウジョウ</u>。 [　　　]

1回目	2回目
／10問	／10問

▶▶▶ 1章
▶▶▶ 2章
▶▶▶ 3章

標準解答 / 解説

1 年俸
年俸：一年を単位とした給料。
みるX 年棒…棒と混同しないように注意。俸の部首はイ（にんべん）、棒は扌（きへん）。

2 洞察
洞察：見抜くこと。

3 履修
履修：規定の学業の課程などを、定められた期間に学ぶこと。

4 歌舞伎
歌舞伎：江戸時代に大成した日本固有の演劇。
みるX 歌舞技…技との書き誤りが目立つ。伎は部首がイ（にんべん）、技は扌（てへん）。

5 交錯
交錯：入りまじること。
みるX 交策…策は「くわだて。はかりごと。計画。」などの意味を表す別の漢字。

6 遂行
遂行：物事をなしとげること。
みるX 逐行…似た形の逐と混同した誤りが目立つ。1〜2画目を書き忘れないこと。 ○遂

7 藻
藻：水中に生える植物・水草などの総称。
みるX 「氵」をへんのように書くなど、組み立ての誤りが多い。 ×藻 ○藻

8 但
但し書き：前の文の補足などを書き添えた文。

9 卸値
卸値：問屋が仕入れた商品を、小売商に売るときの金額。

10 不養生
医者の不養生：正しいとわかっていながら、自分では行わないことのたとえ。
みるX 扶養状…「ふよう＋じょう」ではない。

233

書き取り④

次の——線の**カタカナ**を**漢字**に直せ。

□□ 1 <u>ヒョウロウ</u>が尽きたために敗戦した。［　　　］

□□ 2 風邪を引き<u>オカン</u>がする。［　　　］

□□ 3 時代の<u>チョウリュウ</u>に乗る。［　　　］

□□ 4 今こそ<u>シンカ</u>を発揮するときだ。［　　　］

□□ 5 今までの成果がミスで<u>ソウサイ</u>された。［　　　］

□□ 6 <u>フジイロ</u>の着物がよく似合う。［　　　］

□□ 7 <u>ツマサキ</u>で立つ練習をする。［　　　］

□□ 8 その作曲家は周囲に<u>ネタ</u>まれている。［　　　］

□□ 9 「<u>オレ</u>」ではなく「私」と言いなさい。［　　　］

□□ 10 好事<u>マ</u>多し。［　　　］

標準解答　　解説

読み　部首　熟語の構成　四字熟語　対義語・類義語　同音・同訓異字　誤字訂正　送りがな　書き取り

1 兵糧
兵糧：陣中の食べ物。
✏ 糧は「かて。食べ物。旅行や行軍用の食料。」という意味。

2 悪寒
悪寒：熱が出たときに感じるぞくぞくした感じ。

3 潮流
潮流：世の中の動き。
✏ 潮には「しお。海の水。」や「時のながれ。傾向。」という意味がある。語例 風潮

4 真価
真価：本当の値打ち。
ある× 進化…「進化」は「物事が発達し、進歩すること」という意味の別語。

5 相殺
相殺：差し引きゼロにすること。
ある× 総裁…「総裁」は「団体などの組織をまとめあげる職務」という意味の別語。

6 藤色
藤色：薄く青みがかった紫。
ある× 藤に注意。14〜18画目の形は「水」ではない。よく確認しよう。

7 爪先
爪先：足の指のさき。
ある× 爪に注意。総画数は4画で、5画目はない。

8 妬
妬む：自分よりすぐれている者をうらやみ憎む。

9 俺
俺：男性が自分を指していう語。
ある× 10画目は7〜9画目をつきぬける。

10 魔
好事魔多し：よいことには、じゃまが入りやすいこと。

235

書き取り⑤

次の——線の**カタカナ**を**漢字**に直せ。

☐☐ 1 その寺は五百年前に**コンリュウ**された。 [   ]

☐☐ 2 人に親切にした**クドク**で幸運が訪れた。 [   ]

☐☐ 3 悪質な**フンショク**決算が発覚した。 [   ]

☐☐ 4 その演奏は**バンライ**の拍手を受けた。 [   ]

☐☐ 5 **シャフツ**することで消毒の効果がある。 [   ]

☐☐ 6 徹夜が続くと体に**サワ**る。 [   ]

☐☐ 7 電車の**アミダナ**に荷物を載せた。 [   ]

☐☐ 8 雨が降らず草木が**ナ**える。 [   ]

☐☐ 9 **カワラ**ぶきの屋根が並んでいる。 [   ]

☐☐ 10 **ヒブタ**を切る。 [   ]

標準解答	解説
1 建立	建立：寺院や塔などをたてること。 ／建（こん）、立（りゅう）はいずれも高校で学習する音読み。
2 功徳	功徳：幸福をもたらすもととなる善行。 あぶX 巧徳…形の似た巧との書き誤りが多い。つくりの形を確認しよう。
3 粉飾	粉飾：よく見せようとして、うわべを装いかざること。 ／粉、飾いずれも「かざる」という意味。
4 万雷	万雷：拍手などが鳴り響く音のたとえ。 あぶX 万来…「万来」は「多くの人が来ること」という意味の別語。
5 煮沸	煮沸：水などを十分に熱してわき立たせること。
6 障	障る：さまたげとなる。害になる。 ／「障（さわ）る」は高校で学習する訓読み。
7 網棚	網棚：電車などの座席の上にある、荷物を置くためのたな。
8 萎	萎える：力がなくなる。草花などがしおれる。
9 瓦	瓦：粘土を一定の形に固めて焼いたもの。 あぶX 4画目は2画目に接して始まる。
10 火蓋	火蓋を切る：戦いや競技などを始めること。 あぶX 蓋に注意。4〜8画目は、「育」の上部分のような形ではないことを確認しよう。

237

書き取り⑥

次の──線の**カタカナ**を**漢字**に直せ。

☐☐ 1 パーティーは大勢が参加し**セイカイ**でした。 [   ]

☐☐ 2 我々の敗北は**ヒツジョウ**と思われた。 [   ]

☐☐ 3 ご**コウハイ**を賜り感謝申し上げます。 [   ]

☐☐ 4 好きな人の**カンシン**を買おうとする。 [   ]

☐☐ 5 **オクメン**もなく言いたいことを言う。 [   ]

☐☐ 6 **ヤマスソ**に見事な紅葉が広がる。 [   ]

☐☐ 7 カいっぱいボールを**ケト**ばす。 [   ]

☐☐ 8 服の**ソデグチ**のボタンが取れている。 [   ]

☐☐ 9 犬の気持ちは**シッポ**に表れやすい。 [   ]

☐☐ 10 衣食足りて**レイセツ**を知る。 [   ]

標準解答　　　　　解説

読み / 部首 / 熟語の構成 / 四字熟語 / 対義語・類義語 / 同音・同訓異字 / 誤字訂正 / 送りがな / 書き取り

1 盛会
盛会：大規模に行われる、立派でにぎやかな集まり。

2 必定
必定：絶対にそうなると予測されること。
類 必至

3 高配
高配：相手のこころづかいを敬っていう語。

4 歓心
歓心：よろこぶ気持ち。
誤答✕ 関心…「関心」は「興味を持つこと」という意味の別語。

5 臆面
臆面：気おくれした様子。
✐「臆面」の臆は「おくする。おじける。」という意味。部首は月（にくづき）。

6 山裾
山裾：やまのふもと。
誤答✕ 山据…裾に注意。形の似た据との混同が多い。

7 蹴飛
蹴飛ばす：足先で強くける。
誤答✕ 蹴に注意。8〜15画目を書き忘れないようにしよう。
蹴 ○

8 袖口
袖口：衣服のそでの端の部分。
誤答✕ 裾、襟など、ころもへんで衣服に関わる字と混同した誤答が多い。

9 尻尾
尻尾：動物のお。
誤答✕ 尻に注意。尼と混同しないように、中の形を確認しよう。
尻 ○

10 礼節
衣食足りて礼節を知る：生活にゆとりができて初めて、礼儀と節度をわきまえることができるということ。

書き取り⑦

次の――線の**カタカナ**を**漢字**に直せ。

☐ 1　ストレスで胃に**カイヨウ**ができる。　〔　　　〕

☐ 2　**ハイカイ**は江戸時代に栄えた文芸だ。〔　　　〕

☐ 3　**ドウクツ**で古い絵が発見された。　〔　　　〕

☐ 4　**ケンバン**ハーモニカを演奏する。　〔　　　〕

☐ 5　**シッソウ**した友人を捜索する。　〔　　　〕

☐ 6　坂道で転んで**ヒザガシラ**をすりむく。〔　　　〕

☐ 7　パンケーキに**ハチミツ**をかける。　〔　　　〕

☐ 8　肉の**カタマリ**をオーブンで焼く。　〔　　　〕

☐ 9　**マドギワ**に立って外を眺める。　〔　　　〕

☐ 10　人間万事**サイオウ**が馬。　〔　　　〕

標準解答	解説

1 潰瘍

潰瘍：皮膚や粘膜の組織の一部が深部まで崩れてただれること。
✎ 瘍は「かさ。できものの総称。」という意味。

2 俳諧

俳諧：近代俳句の源流となった江戸時代の文芸。
✎「俳諧」の諧は「おどける」という意味。

3 洞窟

洞窟：崖や岩などにできた、ほらあな。
【あるあるⓍ】洞穴…意味は似ているが、「洞穴」は「どうけつ・ほらあな」と読む。

4 鍵盤

鍵盤：ピアノなどの楽器で、音を出すために指でたたくキーが並べてある部分。

5 失踪

失踪：行方がわからなくなること。
✎「失踪」の踪は「足あと。ゆくえ。」という意味。

6 膝頭

膝頭：ひざの関節の前面で、出っ張ったところ。
【あるあるⓍ】膝に注意。9～10画目の「ヘ」が抜けている誤答が多い。　Ⓧ 膝　Ⓞ 膝

7 蜂蜜

蜂蜜：はちが花から集めた甘い液。
【あるあるⓍ】蜂密…密は「ひそか。すきまがない。」などの意味を表す別の漢字。

8 塊

塊：ある程度のまとまり。
【あるあるⓍ】魂…形は似ているが左部分が異なる。塊は扌（つちへん）であることを確認しよう。

9 窓際

窓際：まどのそば。
✎ 際には「きわ。さかい。はて。」という意味がある。【語例】波打ち際

10 塞翁

塞翁が馬：人の幸不幸は前もって知ることはできないことのたとえ。
✎「塞翁」はことわざの由来となった老人のこと。

書き取り⑧

次の——線の**カタカナ**を**漢字**に直せ。

□□ 1 <u>シュウチシン</u>のない人と居たくない。[   ]

□□ 2 <u>セイサン</u>な事故現場から目を背ける。[   ]

□□ 3 <u>シンセキ</u>の家に遊びに行った。[   ]

□□ 4 成功者に<u>センボウ</u>の目を向ける。[   ]

□□ 5 舟が荒波に<u>ホンロウ</u>される。[   ]

□□ 6 異常事態を<u>ハソク</u>し解決に導く。[   ]

□□ 7 稲の<u>ホサキ</u>にトンボが止まっている。[   ]

□□ 8 夜泣きする赤ちゃんに<u>ソ</u>い寝する。[   ]

□□ 9 この小説の主人公は<u>ウデキ</u>きの刑事だ。[   ]

□□ 10 法廷で<u>コクビャク</u>を争う。[   ]

標準解答　　　　解説

読み

部首

熟語の構成

四字熟語

対義語・類義語

同音・同訓異字

誤字訂正

送りがな

書き取り

1 〔 羞恥心 〕
羞恥心：はずかしいと感じる気持ち。
✎ 羞、恥いずれも「はじ。はずかしい。」という意味。

2 〔 凄惨 〕
凄惨：目をおおうほどむごたらしいさま。
誤答× 凄に注意。部首は氵（さんずい）ではなく冫（にすい）。

3 〔 親戚 〕
親戚：血縁や婚姻でつながっている人。
✎ 「親戚」の戚は「みうち。親類。」という意味。

4 〔 羨望 〕
羨望：うらやましいと思うこと。

5 〔 翻弄 〕
翻弄：思うままに、もてあそぶこと。
✎ 「翻弄」の翻は「ひるがえる。ひっくりかえす。」という意味。

6 〔 把捉 〕
把捉：しっかりと理解すること。
誤答× 把促…促は「うながす」などの意味を表す別の漢字で、捉とは部首が異なる。

7 〔 穂先 〕
穂先：植物のほのさきの部分。
誤答× 穂に注意。恵の右上に点がないように、穂も右上に点は不要。　×穂　○穂

8 〔 添 〕
添い寝：寄りそって寝ること。
誤答× 沿い寝…沿は「水流や道路などによりそう」という意味。

9 〔 腕利 〕
腕利き：才能や力量がすぐれていること。
誤答× 腕に注意。10画目の線が2本ある誤答が目立つ。　×腕　○腕

10 〔 黒白 〕
黒白を争う：どちらが正しいかはっきりさせること。
✎ 白（びゃく）は高校で学習する音読み。

読み①

次の──線の**漢字の読み**を**ひらがな**で記せ。

□□ 1 春宵の趣を詠んだ詩歌は数多い。　　〔　　　〕

□□ 2 彼は心のうちに壮図を抱いていた。　〔　　　〕

□□ 3 悲しみのあまり喪心しているようだ。〔　　　〕

□□ 4 風霜に耐えた大木を見上げる。　　　〔　　　〕

□□ 5 対戦前に過去の棋譜を見直す。　　　〔　　　〕

□□ 6 脊椎に疾患が見つかった。　　　　　〔　　　〕

□□ 7 男が出奔してから一週間がたった。　〔　　　〕

□□ 8 カマキリが鎌首をもたげている。　　〔　　　〕

□□ 9 棟上げの祝いで餅をまく。　　　　　〔　　　〕

□□ 10 葛の根を漢方薬の原料にする。　　　〔　　　〕

標準解答

解　説

1 [しゅんしょう]

春宵：春の夜。
✏ 「宵」は夜の早い時間帯。

2 [そうと]

壮図：規模の大きな企て。
ある✕ そうず
語例 企図

3 [そうしん]

喪心：正気を失うこと。
ある✕ もしん
語例 喪失

4 [ふうそう]

風霜：風や霜。
ある✕ かざしも
語例 霜害

5 [きふ]

棋譜：囲碁や将棋で、対局の一手一手を数字や符号で書きとめた記録。

6 [せきつい]

脊椎：脊柱を形成する骨。
ある✕ せきずい…「せきずい」と読むのは「脊髄」。

7 [しゅっぽん]

出奔：逃げ出して姿をくらますこと。

8 [かまくび]

鎌首：鎌のように曲がった首。おもに、ヘビが攻撃姿勢をとったときの様子をいう。

9 [むねあ]

棟上げ：家の骨組みができた後、最上部に横木を渡すこと。

10 [くず]

葛：マメ科のつる性多年草。秋の七草の一つ。

読み

部首

熟語の構成

四字熟語

対義語・類義語

同音・同訓異字

誤字訂正

送りがな

書き取り

読み②

次の——線の**漢字の読み**を**ひらがな**で記せ。

□□ 1 紺青の海が眼下に広がる。 [　　　]

□□ 2 突然の事態に挙措を失う。 [　　　]

□□ 3 古い寺の庫裏から出火した。 [　　　]

□□ 4 第一線から退いた後、仏教に帰依する。 [　　　]

□□ 5 澄明な大空が広がる。 [　　　]

□□ 6 鉄道の敷設には多大な費用がかかる。 [　　　]

□□ 7 言葉の真意を把捉しようと努める。 [　　　]

□□ 8 春になり、山裾では菜の花が咲き始めた。 [　　　]

□□ 9 嘲りの声を浴びせられた。 [　　　]

□□ 10 大きな丼鉢にご飯を盛る。 [　　　]

標準解答 / 解説

1 [こんじょう]
紺青：鮮やかな藍色。
よく×ある こんせい
語例 群青

2 [きょそ]
挙措：立ち居振る舞い。動作。
✎「挙措を失う」で「平静を失い、取り乱した行動をとる」という意味。

3 [くり]
庫裏：寺の台所。
よく×ある こり

4 [きえ]
帰依：神仏を信仰して、その教えにしたがいすがること。
よく×ある きい

5 [ちょうめい]
澄明：すみわたって明るいこと。
よく×ある とうめい…「とうめい」と読むのは「透明」。

6 [ふせつ]
敷設：鉄道や水道などを設置すること。

7 [はそく]
把捉：しっかりと理解すること。

8 [やますそ]
山裾：山の下の方の、なだらかな部分。

9 [あざけ]
嘲り：ばかにして笑うこと。

10 [どんぶりばち]
丼鉢：深くて厚手の陶器の食器。

読み

部首

熟語の構成

四字熟語

対義語・類義語

同音・同訓異字

誤字訂正

送りがな

書き取り

247

読み③

次の——線の**漢字の読み**を**ひらがな**で記せ。

☐☐ 1 <u>四肢</u>に力が入らない。 〔　　　〕

☐☐ 2 彼の<u>質朴</u>な人柄が好きだ。 〔　　　〕

☐☐ 3 食事の後は<u>各</u>の部屋へ戻った。 〔　　　〕

☐☐ 4 両国の間に<u>借款</u>協定が結ばれた。 〔　　　〕

☐☐ 5 銅の雨どいに<u>緑青</u>が出た。 〔　　　〕

☐☐ 6 水害の原因の一つに森林の<u>濫伐</u>がある。 〔　　　〕

☐☐ 7 絵画を通して画家の<u>内奥</u>を知る。 〔　　　〕

☐☐ 8 暇ができたので<u>謡</u>を習いに行く。 〔　　　〕

☐☐ 9 薄幸な身の上を<u>愁</u>える。 〔　　　〕

☐☐ 10 <u>築山</u>を配した趣のある庭園だ。 〔　　　〕

248

標準解答 ・ 解 説

1 [しし] 四肢：人間の両手両足。

2 [しつぼく] 質朴：素直で、飾りけがない様子。

3 [おのおの] 各：多くのものの一つ一つ。

4 [しゃっかん] 借款：国際間の資金の貸し借り。

5 [ろくしょう] 緑青：銅や銅合金の表面にできる青緑色のさび。

6 [らんばつ] 濫伐：無計画に山林の樹木を伐採すること。

7 [ないおう] 内奥：精神などの内部の奥深いところ。

8 [うたい] 謡：能楽の詞章。また、それに節をつけてうたうこと。

9 [うれ] 愁える：心配し、思い悲しむ。

10 [つきやま] 築山：庭園などに、土砂を小高く盛り上げて山をかたどったもの。

読み

部首

熟語の構成

四字熟語

対義語・類義語

同音・同訓異字

誤字訂正

送りがな

書き取り

読み④

次の——線の**漢字の読み**を**ひらがな**で記せ。

□□ 1　たんすを納戸に置く。　　　　　　[　　　　　]

□□ 2　国会で聴聞会が開かれる。　　　　[　　　　　]

□□ 3　女性を蔑視した発言が批判される。[　　　　　]

□□ 4　一部の好事家に人気のある品だ。　[　　　　　]

□□ 5　長くつき合った彼女と祝言を挙げる。[　　　　]

□□ 6　原油を採掘するのに油井が利用される。[　　　　]

□□ 7　昔日の面影を残す城下町を訪ねる。[　　　　　]

□□ 8　まだ年端も行かない子どもだ。　　[　　　　　]

□□ 9　石けんの泡を水で流す。　　　　　[　　　　　]

□□ 10　道が窮まるところまで進んだ。　　[　　　　　]

標準解答　　　　解　説

1 [なんど]　納戸：衣服や調度品をしまっておく部屋。

2 [ちょうもん]　聴聞：行政機関が重要な行政上の決定を行う場合に、利害関係者の意見を広くきくこと。

3 [べっし]　蔑視：あなどって見ること。
あるⒺ けいし…「けいし」と読むのは「軽視」。意味は「みくびること」。

4 [こうずか]　好事家：変わったものに興味を持つ人。
あるⒺ こうじか

5 [しゅうげん]　祝言：婚礼。結婚式。
あるⒺ しゅくげん
語例 祝儀

6 [ゆせい]　油井：石油を採るために、やぐらを組んで地中から掘りあげるようにした施設。

7 [せきじつ]　昔日：むかし。過ぎ去った日々。

8 [としは]　年端：年齢。

9 [あわ]　泡：液体が空気などの気体を含んで丸くふくれたもの。

10 [きわ]　窮まる：果てる。尽きる。
あるⒺ せばまる…「せばまる」と読むのは「狭まる」。意味は「せまくなる」。

読み　部首　熟語の構成　四字熟語　対義語・類義語　同音・同訓異字　誤字訂正　送りがな　書き取り

251

読み⑤

次の——線の**漢字の読み**を**ひらがな**で記せ。

☐☐ 1 政治家が全国各地を遊説する。 [　　　　]

☐☐ 2 新発見が文明に福音をもたらす。 [　　　　]

☐☐ 3 冶金技術の歴史は非常に古い。 [　　　　]

☐☐ 4 この案が実現する蓋然性は低い。 [　　　　]

☐☐ 5 旅行先で、有名な神社に参詣した。 [　　　　]

☐☐ 6 照れて含羞の表情を浮かべる。 [　　　　]

☐☐ 7 ギターを爪弾く音が聞こえる。 [　　　　]

☐☐ 8 来客用の箸を買いに行く。 [　　　　]

☐☐ 9 名探偵が次々と謎を解いていく。 [　　　　]

☐☐ 10 正月にお神酒をいただく。 [　　　　]

（標準解答）　　　（解　説）

1 ［ ゆうぜい ］ 遊説_{ゆうぜい}：各地を回り、自分の主義・主張を説くこと。

2 ［ ふくいん ］ 福音_{ふくいん}：喜ばしい知らせ。
　　　　　　　　　　よくある✗ ふくおん
　　　　　　　　　　語例 子音_{しいん}

3 ［ やきん ］ 冶金_{やきん}：溶かした鉱石から金属を取り出し、精製すること。

4 ［ がいぜん ］ 蓋然_{がいぜん}：ある程度確実で、そうだろうと考えられること。

5 ［ さんけい ］ 参詣_{さんけい}：神社や寺院に出向いてお参りすること。

6 ［ がんしゅう ］ 含羞_{がんしゅう}：はずかしがること。

7 ［ つまび ］ 爪弾_{つまび}く：弦楽器の糸を指先ではじいて鳴らすこと。

8 ［ はし ］ 箸_{はし}：食べ物などを挟む、二本で一組の細い棒。

9 ［ なぞ ］ 謎_{なぞ}：内容や正体がよくわからないこと。

10 ［ みき ］ お神酒_{みき}：神前に供える酒。
　　　　　　　　　🖊 「お神酒」は高校で学習する熟字訓・当て字。

読み

部首

熟語の構成

四字熟語

対義語・類義語

同音・同訓異字

誤字訂正

送りがな

書き取り

読み⑥

次の——線の**漢字の読み**を**ひらがな**で記せ。

□□ 1 コアラやカンガルーは<u>有袋類</u>だ。 [   ]

□□ 2 もう少しで好機を<u>逸</u>するところだった。 [   ]

□□ 3 国王陛下に拝<u>謁</u>する。 [   ]

□□ 4 <u>淫雨</u>のせいで気が沈む。 [   ]

□□ 5 台風が<u>近畿</u>地方に上陸した。 [   ]

□□ 6 周囲に<u>柵</u>を巡らせて防備を固める。 [   ]

□□ 7 教え子の活躍は、まさに<u>出藍</u>の誉れだ。 [   ]

□□ 8 素人の私が言うのも<u>口幅</u>ったいですが。 [   ]

□□ 9 彼の成功談は<u>眉唾物</u>のように思える。 [   ]

□□ 10 あまりの恥ずかしさに<u>頰</u>を赤らめた。 [   ]

1回目	2回目
/10問	/10問

標準解答 / 解 説

1 ［ ゆうたいるい ］ 有袋類：哺乳類の一種。雌の腹部に育児のための袋を持ち、子どもはその中で育つ。

2 ［ いっ ］ 逸する：のがす。

3 ［ はいえつ ］ 拝謁：お目にかかること。

4 ［ いんう ］ 淫雨：長雨。

5 ［ きんき ］ 近畿：京都府、大阪府、奈良県、兵庫県、和歌山県、滋賀県、三重県からなる地域。

6 ［ さく ］ 柵：木材などを立て並べ、横木でつないだ囲い。

7 ［ しゅつらん ］ 出藍：弟子がその師匠よりもすぐれていること。

8 ［ くちはば ］ 口幅ったい：身に過ぎたことを言うさま。

9 ［ まゆつばもの ］ 眉唾物：だまされないよう用心するべきもの。

10 ［ ほお(ほほ) ］ 頬：顔の両わきの柔らかい部分。

読み / 部首 / 熟語の構成 / 四字熟語 / 対義語・類義語 / 同音・同訓異字 / 誤字訂正 / 送りがな / 書き取り

255

部首①

次の漢字の**部首**を記せ。
〈例〉菜 〔 艹 〕 間 〔 門 〕

☐ 1 辞 　　　　　　　　　　　　〔 　　 〕

☐ 2 再 　　　　　　　　　　　　〔 　　 〕

☐ 3 兆 　　　　　　　　　　　　〔 　　 〕

☐ 4 髪 　　　　　　　　　　　　〔 　　 〕

☐ 5 音 　　　　　　　　　　　　〔 　　 〕

☐ 6 了 　　　　　　　　　　　　〔 　　 〕

☐ 7 威 　　　　　　　　　　　　〔 　　 〕

☐ 8 卵 　　　　　　　　　　　　〔 　　 〕

☐ 9 死 　　　　　　　　　　　　〔 　　 〕

☐ 10 羞 　　　　　　　　　　　　〔 　　 〕

1回目	2回目
／10問	／10問

標準解答	解　説

1 [辛]
部首(部首名) 辛（からい）
✎ 辛の漢字例：辣、辛
よく出るX 舌（した）ではない。

2 [冂]
部首(部首名) 冂（どうがまえ・けいがまえ・まきがまえ）
✎ 冂の漢字例：冊、円

3 [儿]
部首(部首名) 儿（ひとあし・にんにょう）
✎ 儿の漢字例：免、党、兄　など

4 [髟]
部首(部首名) 髟（かみがしら）
✎ 常用漢字で髟を部首とする漢字は髪のみ。

5 [音]
部首(部首名) 音（おと）
✎ 音の漢字例：韻、響
よく出るX 日（ひ）ではない。

6 [亅]
部首(部首名) 亅（はねぼう）
✎ 亅の漢字例：争、事、予

7 [女]
部首(部首名) 女（おんな）
✎ 女の漢字例：妄、婆、姿　など

8 [卩]
部首(部首名) 卩（わりふ・ふしづくり）
✎ 卩の漢字例：卸、却、即　など

9 [歹]
部首(部首名) 歹（かばねへん・いちたへん・がつへん）
✎ 歹の漢字例：殊、殖、残　など
よく出るX 一（いち）ではない。

10 [羊]
部首(部首名) 羊（ひつじ）
✎ 羊の漢字例：義、群、美　など

読み

部首

熟語の構成

四字熟語

対義語・類義語

同音・同訓異字

誤字訂正

送りがな

書き取り

※辞典や参考書により、部首や部首名の表記が異なる場合がありますが、「漢検」では定められた
部首・部首名で解答する必要があります。採点基準は巻頭ページをご覧ください。

部首②

次の漢字の**部首**を記せ。
〈例〉菜 〔　艹　〕 間 〔　門　〕

□□ 1　斬　　　　　　　　　　　　　〔　　　　〕

□□ 2　舌　　　　　　　　　　　　　〔　　　　〕

□□ 3　執　　　　　　　　　　　　　〔　　　　〕

□□ 4　鼓　　　　　　　　　　　　　〔　　　　〕

□□ 5　丹　　　　　　　　　　　　　〔　　　　〕

□□ 6　鼻　　　　　　　　　　　　　〔　　　　〕

□□ 7　卑　　　　　　　　　　　　　〔　　　　〕

□□ 8　真　　　　　　　　　　　　　〔　　　　〕

□□ 9　準　　　　　　　　　　　　　〔　　　　〕

□□ 10　青　　　　　　　　　　　　　〔　　　　〕

標準解答　　　　　　解　説

1 [斤]
部首(部首名) 斤（おのづくり）
✏ 斤の漢字例：断、新
ある✗ 車（くるまへん）ではない。

2 [舌]
部首(部首名) 舌（した）
✏ 舌の漢字例：舗、舎

3 [土]
部首(部首名) 土（つち）
✏ 土の漢字例：塞、塾、墾　など

4 [鼓]
部首(部首名) 鼓（つづみ）
✏ 常用漢字で鼓を部首とする漢字は鼓のみ。

5 [丶]
部首(部首名) 丶（てん）
✏ 丶の漢字例：丼、主、丸

6 [鼻]
部首(部首名) 鼻（はな）
✏ 常用漢字で鼻を部首とする漢字は鼻のみ。

7 [十]
部首(部首名) 十（じゅう）
✏ 十の漢字例：卓、協、博　など

8 [目]
部首(部首名) 目（め）
✏ 目の漢字例：眉、督、盲　など

9 [氵]
部首(部首名) 氵（さんずい）
✏ 氵の漢字例：溺、漬、湧　など
ある✗ 十（じゅう）ではない。

10 [青]
部首(部首名) 青（あお）
✏ 青の漢字例：静

読み / 部首 / 熟語の構成 / 四字熟語 / 対義語・類義語 / 同音・同訓異字 / 誤字訂正 / 送りがな / 書き取り

部首③

次の漢字の**部首**を記せ。
〈例〉菜 〔 ⺾ 〕 間 〔 門 〕

□□ 1 煩 　　　　　　　　　　　〔　　　〕

□□ 2 幕 　　　　　　　　　　　〔　　　〕

□□ 3 戴 　　　　　　　　　　　〔　　　〕

□□ 4 以 　　　　　　　　　　　〔　　　〕

□□ 5 更 　　　　　　　　　　　〔　　　〕

□□ 6 般 　　　　　　　　　　　〔　　　〕

□□ 7 武 　　　　　　　　　　　〔　　　〕

□□ 8 丘 　　　　　　　　　　　〔　　　〕

□□ 9 直 　　　　　　　　　　　〔　　　〕

□□ 10 舞 　　　　　　　　　　　〔　　　〕

標準解答	解説

1 [灬]
部首(部首名) 火（ひへん）
✎ 火の漢字例：炊、炉、煙　など
まちがえやすい✕ 頁（おおがい）ではない。

2 [巾]
部首(部首名) 巾（はば）
✎ 巾の漢字例：帥、幣、帝　など

3 [戈]
部首(部首名) 戈（ほこづくり・ほこがまえ）
✎ 戈の漢字例：戚、戒、戯　など

4 [人]
部首(部首名) 人（ひと）
✎ 人の漢字例：人

5 [曰]
部首(部首名) 曰（ひらび・いわく）
✎ 曰の漢字例：曹、替、冒　など

6 [舟]
部首(部首名) 舟（ふねへん）
✎ 舟の漢字例：舷、艦、舶　など
まちがえやすい✕ 殳（るまた・ほこづくり）ではない。

7 [止]
部首(部首名) 止（とめる）
✎ 止の漢字例：歳、歴、歩　など

8 [一]
部首(部首名) 一（いち）
✎ 一の漢字例：且、丈、与　など

9 [目]
部首(部首名) 目（め）
✎ 目の漢字例：眉、督、盲　など

10 [舛]
部首(部首名) 舛（まいあし）
✎ 常用漢字で舛を部首とする漢字は舞のみ。

読み

部首

熟語の構成

四字熟語

対義語・類義語

同音・同訓異字

誤字訂正

送りがな

書き取り

261

熟語の構成①

熟語の構成のしかたには┈┈┈┈内の**ア~オ**のようなものがある。
次の熟語は┈┈┈┈内の**ア~オ**のどれにあたるか、**一つ**選び、**記号**で答えよ。

☐☐ 1 糾弾 　　　　　　　　　　　[　]

☐☐ 2 顕在 　　　　　　　　　　　[　]

| ア | 同じような意味の漢字を重ねたもの (岩石) |

☐☐ 3 渉猟 　　　　　　　　　　　[　]

| イ | 反対または対応の意味を表す字を重ねたもの (高低) |

☐☐ 4 逐次 　　　　　　　　　　　[　]

☐☐ 5 覇権 　　　　　　　　　　　[　]

| ウ | 前の字が後の字を修飾しているもの (洋画) |

☐☐ 6 未了 　　　　　　　　　　　[　]

| エ | 後の字が前の字の目的語・補語になっているもの (着席) |

☐☐ 7 具備 　　　　　　　　　　　[　]

☐☐ 8 尼僧 　　　　　　　　　　　[　]

| オ | 前の字が後の字の意味を打ち消しているもの (非常) |

☐☐ 9 任免 　　　　　　　　　　　[　]

☐☐ 10 懐古 　　　　　　　　　　　[　]

標準解答　　　　　解　説

1 [ア]
糾弾：失敗などを問いただして責めたてること。
構成 糾＝＝弾 同義
どちらも「ただす」という意味。

2 [ウ]
顕在：はっきりと表面にあらわれること。
構成 顕━━➤在 修飾
はっきりと存在する。

3 [ウ]
渉猟：広い範囲をさがし歩くこと。
構成 渉━━➤猟 修飾
ひろく探し求める。

4 [エ]
逐次：順を追って次々に。
構成 逐◀━━次 目的
次を追う。

5 [ウ]
覇権：力でほかを従える覇者としての権力。
構成 覇━━➤権 修飾
覇者の権力。

6 [オ]
未了：まだ終わっていないこと。
構成 未 × 了 打消
まだ終了していない。

7 [ア]
具備：必要なものが十分にそろっていること。
構成 具＝＝備 同義
どちらも「そなわる」という意味。

8 [ウ]
尼僧：仏門に入った女性。
構成 尼━━➤僧 修飾
女性の僧。

9 [イ]
任免：職務に任じることと、職務を免じること。
構成 任◀━━➤免 対義
「任命」と「免職」、反対の意味。

10 [エ]
懐古：昔をふりかえって懐かしく思うこと。
構成 懐◀━━古 目的
昔を懐かしむ。

読み

部首

熟語の構成

四字熟語

対義語・類義語

同音・同訓異字

誤字訂正

送りがな

書き取り

熟語の構成②

熟語の構成のしかたには_____内の**ア〜オ**のようなものがある。
次の熟語は_____内の**ア〜オ**のどれにあたるか、**一つ**選び、**記号**で答えよ。

☐☐ 1　享楽　　　　　　　　　　　　　〔　　〕

☐☐ 2　報酬　　　　　　　　　　　　　〔　　〕

☐☐ 3　妄想　　　　　　　　　　　　　〔　　〕

☐☐ 4　叙景　　　　　　　　　　　　　〔　　〕

☐☐ 5　痛快　　　　　　　　　　　　　〔　　〕

☐☐ 6　浄財　　　　　　　　　　　　　〔　　〕

☐☐ 7　頓首　　　　　　　　　　　　　〔　　〕

☐☐ 8　未到　　　　　　　　　　　　　〔　　〕

☐☐ 9　旦夕　　　　　　　　　　　　　〔　　〕

☐☐ 10　貴賓　　　　　　　　　　　　　〔　　〕

> ア　同じような意味の漢字
> 　　を重ねたもの
> 　　　　　　　　（岩石）
>
> イ　反対または対応の意味
> 　　を表す字を重ねたもの
> 　　　　　　　　（高低）
>
> ウ　前の字が後の字を修飾
> 　　しているもの
> 　　　　　　　　（洋画）
>
> エ　後の字が前の字の目的
> 　　語・補語になっている
> 　　もの　　　　（着席）
>
> オ　前の字が後の字の意味
> 　　を打ち消しているもの
> 　　　　　　　　（非常）

標準解答　　解　説

読み

部首

熟語の構成

四字熟語

対義語・類義語

同音・同訓異字

誤字訂正

送りがな

書き取り

1 ［ エ ］
享楽：思いのままに快楽を味わうこと。
構成 享 ← 楽 目的
快楽を受けること。

2 ［ ア ］
報酬：労働などに対して給付される金品。
構成 報 ＝ 酬 同義
どちらも「むくいる」という意味。

3 ［ ウ ］
妄想：わけもなく想像して事実と思いこむこと。
構成 妄 → 想 修飾
みだりに想像する。

4 ［ エ ］
叙景：風景を詩文に書き表すこと。
構成 叙 ← 景 目的
風景をのべること。

5 ［ ウ ］
痛快：気持ちが晴れ晴れとするさま。
構成 痛 → 快 修飾
非常に快い。

6 ［ ウ ］
浄財：寺社や慈善事業などに寄付する金。
構成 浄 → 財 修飾
きよらかな財。

7 ［ エ ］
頓首：手紙文の末尾に書いて相手に敬意を表す語。
構成 頓 ← 首 目的
首（＝頭）を地につける。

8 ［ オ ］
未到：まだ、だれも到達していないこと。
構成 未 × 到 打消
まだ到達していない。

9 ［ イ ］
旦夕：朝夕。終始。
構成 旦 ←→ 夕 対義
「朝」と「夕（晩）」、反対の意味。

10 ［ ウ ］
貴賓：身分・地位の高い客。
構成 貴 → 賓 修飾
身分の高い客。

265

熟語の構成③

熟語の構成のしかたには`　　　`内の**ア～オ**のようなものがある。
次の熟語は`　　　`内の**ア～オ**のどれにあたるか、**一つ選び**、**記号**で答えよ。

☐☐ 1 疲弊 〔　〕

☐☐ 2 公僕 〔　〕

☐☐ 3 殉難 〔　〕

☐☐ 4 酪農 〔　〕

☐☐ 5 違背 〔　〕

☐☐ 6 及落 〔　〕

☐☐ 7 余韻 〔　〕

☐☐ 8 授受 〔　〕

☐☐ 9 未来 〔　〕

☐☐ 10 霊魂 〔　〕

ア	同じような意味の漢字を重ねたもの （岩石）
イ	反対または対応の意味を表す字を重ねたもの （高低）
ウ	前の字が後の字を修飾しているもの （洋画）
エ	後の字が前の字の目的語・補語になっているもの （着席）
オ	前の字が後の字の意味を打ち消しているもの （非常）

標準解答　　　　　解　説

1　[　ア　]
疲弊：精神的・肉体的に疲れ弱ること。
構成 疲＝＝弊 同義
どちらも「疲れる」という意味。

2　[　ウ　]
公僕：公衆に奉仕する人。
構成 公→僕 修飾
公衆のしもべ。

3　[　エ　]
殉難：宗教などの危機のために身を犠牲にすること。
構成 殉←難 目的
危難に命を捨てる。

4　[　ウ　]
酪農：牛や羊を飼って乳や乳製品をつくる産業。
構成 酪→農 修飾
乳製品をつくる農業。

5　[　ア　]
違背：規則・約束・命令などにそむくこと。
構成 違＝＝背 同義
どちらも「そむく」という意味。

6　[　イ　]
及落：合格と不合格。
構成 及←→落 対義
「及第」と「落第」、反対の意味。

7　[　ウ　]
余韻：物事の終わった後に残る風情。
構成 余→韻 修飾
後に残るひびき。

8　[　イ　]
授受：やりとりすること。
構成 授←→受 対義
「授ける」と「受ける」、反対の意味。

9　[　オ　]
未来：今より先の時間。
構成 未 × 来 打消
まだ来ていない。

10　[　ア　]
霊魂：肉体に宿ると考えられている精神的存在。
構成 霊＝＝魂 同義
どちらも「たましい」という意味。

読み　部首　熟語の構成　四字熟語　対義語・類義語　同音・同訓異字　誤字訂正　送りがな　書き取り

熟語の構成④

熟語の構成のしかたには□□□内の**ア〜オ**のようなものがある。
次の熟語は□□□内の**ア〜オ**のどれにあたるか、**一つ**選び、**記号**で答えよ。

☐☐ 1 折衷 　　　　　　　　　　　　〔　　〕

☐☐ 2 向背 　　　　　　　　　　　　〔　　〕

ア	同じような意味の漢字を重ねたもの（岩石）
イ	反対または対応の意味を表す字を重ねたもの（高低）
ウ	前の字が後の字を修飾しているもの（洋画）
エ	後の字が前の字の目的語・補語になっているもの（着席）
オ	前の字が後の字の意味を打ち消しているもの（非常）

☐☐ 3 叙任 　　　　　　　　　　　　〔　　〕

☐☐ 4 憂患 　　　　　　　　　　　　〔　　〕

☐☐ 5 環礁 　　　　　　　　　　　　〔　　〕

☐☐ 6 旋風 　　　　　　　　　　　　〔　　〕

☐☐ 7 上棟 　　　　　　　　　　　　〔　　〕

☐☐ 8 奇遇 　　　　　　　　　　　　〔　　〕

☐☐ 9 河畔 　　　　　　　　　　　　〔　　〕

☐☐ 10 不惑 　　　　　　　　　　　　〔　　〕

（標準解答）　　　　　解　説

1 [エ]
折衷：複数の考えのよい点をまとめあげること。
構成 折 ← 衷 目的
ほどよいところで折る。

2 [イ]
向背：したがうこととそむくこと。
構成 向 ⟷ 背 対義
「むかう」と「そむく」、反対の意味。

3 [エ]
叙任：位階を授けて官職に任ずること。
構成 叙 ← 任 目的
任を授ける。

4 [ア]
憂患：ひどく気づかってわずらうこと。
構成 憂 ＝ 患 同義
どちらも「うれえる」という意味。

5 [ウ]
環礁：輪の形に発達しているさんご礁。
構成 環 → 礁 修飾
輪の形をしたさんご礁。

6 [ウ]
旋風：激しくうずを巻いて吹きあがる風。
構成 旋 → 風 修飾
ぐるぐる回る風。

7 [エ]
上棟：建物の骨組みができた後棟木を上げること。
構成 上 ← 棟 目的
棟木を上げる。

8 [ウ]
奇遇：思いがけなく出会うこと。
構成 奇 → 遇 修飾
思いがけない出会い。

9 [ウ]
河畔：川のほとり。
構成 河 → 畔 修飾
川のほとり。

10 [オ]
不惑：考え方などに迷いのないこと。
構成 不 × 惑 打消
惑わない。

読み　部首　熟語の構成　四字熟語　対義語・類義語　同音・同訓異字　誤字訂正　送りがな　書き取り

269

四字熟語①

次の**四字熟語**の（1〜10）に入る適切な語を ⬚⬚⬚内から選び、**漢字二字**で記せ。また、11〜15の**意味**にあてはまるものを**ア〜コの四字熟語**から**一つ**選び、**記号**で答えよ。

☐☐ 1 ア （ 1 ）棒大　　　　　　　　　　［　　］

☐☐ 2 イ （ 2 ）自在　　　　　　　　　　［　　］

☐☐ 3 ウ 玩物（ 3 ）　　　　　　　　　　［　　］

☐☐ 4 エ 面目（ 4 ）　　　　　　　　　　［　　］

☐☐ 5 オ （ 5 ）後楽　　　　　　　　　　［　　］

☐☐ 6 カ 旧態（ 6 ）　　　　　　　　　　［　　］

☐☐ 7 キ （ 7 ）落日　　　　　　　　　　［　　］

☐☐ 8 ク 盛者（ 8 ）　　　　　　　　　　［　　］

☐☐ 9 ケ （ 9 ）円蓋　　　　　　　　　　［　　］

☐☐ 10 コ （ 10 ）飛語　　　　　　　　　　［　　］

いぜん
かんきゅう
こじょう
しんしょう
せんゆう
そうし
ひっすい
ほうてい
やくじょ
りゅうげん

☐☐ 11 この世は無常であること。　　　　　　　　　　［　　］
☐☐ 12 評判通りの姿がいきいきとあらわれているさま。　　［　　］
☐☐ 13 政治を行う者の心構えを表すことば。　　　　　　［　　］
☐☐ 14 珍しいものに心を奪われ信念を見失うこと。　　　［　　］
☐☐ 15 物事が食い違ってかみ合わないたとえ。　　　　　［　　］

標準解答	解説

読み

部首

熟語の構成

四字熟語

対義語・類義語

同音・同訓異字

誤字訂正

送りがな

書き取り

1 〔 針小 〕 針小棒大：ちいさな物事をおおげさに言うたとえ。

2 〔 緩急 〕 緩急自在：速度などを遅くしたり速くしたりして、思うままに操ること。

3 〔 喪志 〕 玩物喪志：珍しいものに心を奪われ信念を見失うこと。

4 〔 躍如 〕 面目躍如：評判通りの姿がいきいきとあらわれているさま。

5 〔 先憂 〕 先憂後楽：政治を行う者の心構えを表すことば。／民より先に憂い、民より後に楽しむということ。

6 〔 依然 〕 旧態依然：昔のままで少しも進歩しないさま。

7 〔 孤城 〕 孤城落日：おとろえて昔の勢いを失い、助けもなく心細いさま。

8 〔 必衰 〕 盛者必衰：この世は無常であること。

9 〔 方底 〕 方底円蓋：物事が食い違ってかみ合わないたとえ。

10 〔 流言 〕 流言飛語：無責任なうわさ。

11 〔 ク 〕 盛者必衰

12 〔 エ 〕 面目躍如

13 〔 オ 〕 先憂後楽

14 〔 ウ 〕 玩物喪志

15 〔 ケ 〕 方底円蓋

四字熟語②

次の**四字熟語**の（1～10）に入る適切な語を   内から選び、
漢字二字で記せ。また、11～15の**意味**にあてはまるものを**ア**
～**コ**の四字熟語から**一つ**選び、**記号**で答えよ。

□ 1　ア　（ 1 ）牛後　　　　　　　　　［　　　］

□ 2　イ　苛政（ 2 ）　　　　　　　　　［　　　］

□ 3　ウ　（ 3 ）大事　　　　　　　　　［　　　］

□ 4　エ　（ 4 ）勃勃　　　　　　　　　［　　　］

□ 5　オ　（ 5 ）不遜　　　　　　　　　［　　　］

□ 6　カ　（ 6 ）無二　　　　　　　　　［　　　］

□ 7　キ　良風（ 7 ）　　　　　　　　　［　　　］

□ 8　ク　気宇（ 8 ）　　　　　　　　　［　　　］

□ 9　ケ　（ 9 ）不落　　　　　　　　　［　　　］

□10　コ　（ 10 ）皆伝　　　　　　　　［　　　］

けいこう
ごうがん
ごしょう
しゃに
そうだい
なんこう
びぞく
めんきょ
もうこ
ゆうしん

□11　勇ましい気持ちが盛んにわき立つさま。　　　　　［　　　］
□12　かりがえのないものとして大切にすること。　　　［　　　］
□13　健康的で好ましい習慣。　　　　　　　　　　　　［　　　］
□14　ほかのことを考えずむやみに行動する様子。　　　［　　　］
□15　相手が自分の思うようにならないことのたとえ。　［　　　］

	標準解答	解説
1	鶏口	鶏口牛後：大きな組織に隷属するよりは小さくても人の上に立つ方がよいということ。
2	猛虎	苛政猛虎：民衆にとって苛酷な政治は人食いトラよりももっと恐ろしいということ。
3	後生	後生大事：かけがえのないものとして大切にすること。
4	雄心	雄心勃勃：勇ましい気持ちが盛んにわき立つさま。
5	傲岸	傲岸不遜：思いあがって、人に従おうとしないさま。
6	遮二	遮二無二：ほかのことを考えずむやみに行動する様子。
7	美俗	良風美俗：健康的で好ましい習慣。
8	壮大	気宇壮大：心構えや発想が大きくて立派なこと。
9	難攻	難攻不落：相手が自分の思うようにならないことのたとえ。
10	免許	免許皆伝：極意を全て伝授すること。
11	エ	雄心勃勃
12	ウ	後生大事
13	キ	良風美俗
14	カ	遮二無二　類 我武者羅
15	ケ	難攻不落　類 金城鉄壁

読み
部首
熟語の構成
四字熟語
対義語・類義語
同音・同訓異字
誤字訂正
送りがな
書き取り

273

四字熟語③

次の四字熟語の（1～10）に入る適切な語を□内から選び、**漢字二字**で記せ。また、**11～15の意味**にあてはまるものを**ア～コの四字熟語**から**一つ選び、記号**で答えよ。

☐☐ 1　ア　（　1　）短小　　　　　　　〔　　　〕

☐☐ 2　イ　（　2　）自若　　　　　　　〔　　　〕

☐☐ 3　ウ　神出（　3　）　　　　　　　〔　　　〕

☐☐ 4　エ　容姿（　4　）　　　　　　　〔　　　〕

☐☐ 5　オ　（　5　）絶壁　　　　　　　〔　　　〕

☐☐ 6　カ　当意（　6　）　　　　　　　〔　　　〕

☐☐ 7　キ　千載（　7　）　　　　　　　〔　　　〕

☐☐ 8　ク　粉骨（　8　）　　　　　　　〔　　　〕

☐☐ 9　ケ　古今（　9　）　　　　　　　〔　　　〕

☐☐ 10　コ　自由（　10　）　　　　　　〔　　　〕

いちぐう
きぼつ
けいはく
さいしん
そくみょう
たいぜん
だんがい
たんれい
ほんぽう
むそう

☐☐ 11　力の限り努力すること。　　　　　　　　　〔　　　〕
☐☐ 12　切り立った険しいがけ。　　　　　　　　　〔　　　〕
☐☐ 13　行動が自在で常人と思われないこと。　　　〔　　　〕
☐☐ 14　その場に応じて機転をきかせること。　　　〔　　　〕
☐☐ 15　現在に至るまで匹敵する者がいないこと。　〔　　　〕

274

	標準解答	解 説	
1	軽薄	軽薄短小：物がかるくてうすく、短く小さいこと。	読み
2	泰然	泰然自若：何か事が起こっても、落ち着きははらって少しも動じないさま。	部首
3	鬼没	神出鬼没：行動が自在で常人と思われないこと。	熟語の構成
4	端麗	容姿端麗：姿かたちの美しいこと。	
5	断崖	断崖絶壁：切り立った険しいがけ。	四字熟語
6	即妙	当意即妙：その場に応じて機転をきかせること。	対義語・類義語
7	一遇	千載一遇：またとないよい機会。	
8	砕身	粉骨砕身：力の限り努力すること。	同音・同訓異字
9	無双	古今無双：現在に至るまで匹敵する者がいないこと。	
10	奔放	自由奔放：気がねなしに自分の思うままに行動するさま。	誤字訂正
11	ク	粉骨砕身	送りがな
12	オ	断崖絶壁	
13	ウ	神出鬼没	
14	カ	当意即妙	書き取り
15	ケ	古今無双	

275

四字熟語④

次の**四字熟語**の（1～10）に入る適切な語を[　　]内から選び、**漢字二字**で記せ。また、11～15の意味にあてはまるものを**ア～コ**の四字熟語から**一つ**選び、**記号**で答えよ。

☐☐ 1　ア　金城（ **1** ）　　　　　　　　[　　]

☐☐ 2　イ　正真（ **2** ）　　　　　　　　[　　]

☐☐ 3　ウ　（ **3** ）努力　　　　　　　　[　　]

☐☐ 4　エ　盲亀（ **4** ）　　　　　　　　[　　]

☐☐ 5　オ　日常（ **5** ）　　　　　　　　[　　]

☐☐ 6　カ　（ **6** ）実直　　　　　　　　[　　]

☐☐ 7　キ　支離（ **7** ）　　　　　　　　[　　]

☐☐ 8　ク　複雑（ **8** ）　　　　　　　　[　　]

☐☐ 9　ケ　（ **9** ）済民　　　　　　　　[　　]

☐☐ 10　コ　（ **10** ）水明　　　　　　　[　　]

きんげん
けいせい
さはん
さんし
しょうめい
たき
てっぺき
ふぼく
ふんれい
めつれつ

☐☐ 11　全くうそいつわりがないこと。　　　　　　　　　[　　]
☐☐ 12　ばらばらで筋道が通っていないこと。　　　　　　[　　]
☐☐ 13　非常にまれなことのたとえ。　　　　　　　　　　[　　]
☐☐ 14　国をうまく治め、人々を苦しみから救うこと。　　[　　]
☐☐ 15　つつしみ深く、真面目なこと。　　　　　　　　　[　　]

標準解答 / 解 説

1 〔 鉄壁 〕 金城鉄壁：非常に堅固でつけ入るすきのないたとえ。

2 〔 正銘 〕 正真正銘：全くうそいつわりがないこと。

3 〔 奮励 〕 奮励努力：気力をふるい起こして努めはげむこと。

4 〔 浮木 〕 盲亀浮木：非常にまれなことのたとえ。

5 〔 茶飯 〕 日常茶飯：ごくありふれたこと。

6 〔 謹厳 〕 謹厳実直：つつしみ深く、真面目なこと。

7 〔 滅裂 〕 支離滅裂：ばらばらで筋道が通っていないこと。

8 〔 多岐 〕 複雑多岐：物事が多方面に分かれ、しかも入り組んでいること。

9 〔 経世 〕 経世済民：国をうまく治め、人々を苦しみから救うこと。

10 〔 山紫 〕 山紫水明：自然の景観が清らかで美しいこと。

11 〔 イ 〕 正真正銘

12 〔 キ 〕 支離滅裂　類 乱雑無章

13 〔 エ 〕 盲亀浮木　類 千載一遇

14 〔 ケ 〕 経世済民

15 〔 カ 〕 謹厳実直

読み
部首
熟語の構成
四字熟語
対義語・類義語
同音・同訓異字
誤字訂正
送りがな
書き取り

四字熟語⑤

次の**四字熟語**の（1～10）に入る適切な語を[____]内から選び、**漢字二字**で記せ。また、**11～15**の**意味**にあてはまるものを**ア～コの四字熟語**から**一つ**選び、記号で答えよ。

☐☐ 1　ア　質実（　**1**　）　　　　　　　　　［　　　］

☐☐ 2　イ　（　**2**　）瓦解　　　　　　　　　［　　　］

☐☐ 3　ウ　（　**3**　）奇策　　　　　　　　　［　　　］

☐☐ 4　エ　（　**4**　）積玉　　　　　　　　　［　　　］

☐☐ 5　オ　（　**5**　）転倒　　　　　　　　　［　　　］

☐☐ 6　カ　落花（　**6**　）　　　　　　　　　［　　　］

☐☐ 7　キ　犬牙（　**7**　）　　　　　　　　　［　　　］

☐☐ 8　ク　（　**8**　）自在　　　　　　　　　［　　　］

☐☐ 9　ケ　進取（　**9**　）　　　　　　　　　［　　　］

☐☐ 10　コ　（　**10**　）環視　　　　　　　　　［　　　］

```
かかん
かっさつ
ごうけん
しゅうじん
しゅかく
そうせい
たいきん
どほう
みょうけい
りゅうすい
```

☐☐ 11　おおぜいのひとが取り囲んで見ていること。　　　［　　　］

☐☐ 12　自分の思いのままにあやつること。　　　　　　　［　　　］

☐☐ 13　多大な富を集めること。　　　　　　　　　　　　［　　　］

☐☐ 14　根底からくずれて手がつけられなくなること。　　［　　　］

☐☐ 15　国境で二国が互いににらみ合うこと。　　　　　　［　　　］

278

	標準解答	解説
1	剛健	質実剛健：飾り気がなく真面目で、心身ともに強くたくましいこと。
2	土崩	土崩瓦解：根底からくずれて手がつけられなくなること。
3	妙計	妙計奇策：ひとの意表をついた奇抜ですぐれたはかりごと。
4	堆金	堆金積玉：多大な富を集めること。
5	主客	主客転倒：物事の順序や置かれている立場などが逆転すること。
6	流水	落花流水：散る花と流れ去る水のことで、去りゆく春を表す語。
7	相制	犬牙相制：国境で二国が互いににらみ合うこと。
8	活殺	活殺自在：自分の思いのままにあやつること。
9	果敢	進取果敢：物事に積極的に取り組み、決断力に富んでいること。
10	衆人	衆人環視：おおぜいのひとが取り囲んで見ていること。
11	コ	衆人環視
12	ク	活殺自在 類生殺与奪
13	エ	堆金積玉
14	イ	土崩瓦解
15	キ	犬牙相制

読み / 部首 / 熟語の構成 / 四字熟語 / 対義語・類義語 / 同音・同訓異字 / 誤字訂正 / 送りがな / 書き取り

279

対義語・類義語①

次の1～5の**対義語**、6～10の**類義語**を[____]内から選び、**漢字**で記せ。[____]内の語は一度だけ使うこと。

			選択肢	解答
□□ 1	対義語	希薄		[　　]
□□ 2		虚弱		[　　]
□□ 3		寛大		[　　]
□□ 4		拘禁		[　　]
□□ 5		没落		[　　]
□□ 6	類義語	猛者		[　　]
□□ 7		全治		[　　]
□□ 8		功名		[　　]
□□ 9		継承		[　　]
□□ 10		固守		[　　]

選択肢:
かいゆ
きょうそう
きょうりょう
ごうけつ
しゃくほう
しゅくん
とうしゅう
のうこう
ぼくしゅ
ぼっこう

標準解答 ・ 解 説

1 〔 濃厚 〕
希薄：液体や気体の密度が低いこと。
濃厚：色・味・成分の密度が高いこと。

2 〔 強壮 〕
虚弱：体がひよわで病気がちなこと。
強壮：体がたくましく勢いのあるさま。

3 〔 狭量 〕
寛大：心がひろく、ゆったりしていること。
狭量：他人を受け入れる心がせまく小さいこと。

4 〔 釈放 〕
拘禁：人をとらえて、閉じこめておくこと。
釈放：拘束されている者を許して自由にすること。

5 〔 勃興 〕
没落：栄えていたものが、衰えること。
勃興：急に勢いを得て盛んになること。

6 〔 豪傑 〕
猛者：勇猛ですぐれた技を持ち、精力的に活動する人。
豪傑：武勇にすぐれて肝もすわっている人。

7 〔 快癒 〕
全治：病気や傷などが完全になおること。
快癒：病気やけががすっかりなおること。

8 〔 殊勲 〕
功名：手柄を立てて名を上げること。
殊勲：特にすぐれた手柄・功績。

9 〔 踏襲 〕
継承：先代の地位・財産・権利・義務などを受け継ぐこと。
踏襲：それまでのやり方を受け継ぐこと。

10 〔 墨守 〕
固守：かたくまもること。
墨守：自分のやり方や主張をかたくまもって改めないこと。

読み
部首
熟語の構成
四字熟語
対義語・類義語
同音・同訓異字
誤字訂正
送りがな
書き取り

281

対義語・類義語②

次の1～5の**対義語**、6～10の**類義語**を　　　内から選び、**漢字**で記せ。　　　内の語は一度だけ使うこと。

□
□ 1 侵害 　　[　　]

□
□ 2 賢明 　　[　　]

□
□ 3 畏敬 　　[　　]

□
□ 4 哀悼 　　[　　]

□
□ 5 決裂 　　[　　]

対義語

□
□ 6 敏腕 　　[　　]

□
□ 7 反逆 　　[　　]

□
□ 8 調和 　　[　　]

□
□ 9 序文 　　[　　]

□
□ 10 両雄 　　[　　]

類義語

あんぐ
きんこう
けいしゅく
しょげん
そうへき
だけつ
ぶべつ
むほん
ようご
らつわん

	標準解答	解説
1	擁護	侵害：他人の権利や利益などを不当に奪ったり損なったりすること。 擁護：大切にかばいまもること。
2	暗愚	賢明：優れた判断力があること。 暗愚：物事の道理がわからずおろかなこと。
3	侮蔑	崇敬：崇高なものや偉大な人物をおそれうやまうこと。 侮蔑：相手を見下し、さげすむこと。
4	慶祝	哀悼：人の死をかなしみいたむこと。 慶祝：よろこびいわうこと。
5	妥結	決裂：意見がまとまらず、物別れに終わること。 妥結：両者が折れ合って話がまとまること。
6	辣腕	敏腕：物事をてきぱきとさばく能力があること。 辣腕：物事を巧みに処理する能力があること。
7	謀反	反逆：権威や権力に対して、逆らい、そむくこと。 謀反：時の為政者にそむいて兵を挙げること。
8	均衡	調和：具合よくととのっていること。 均衡：つり合いがとれていること。
9	緒言	序文：本文の前におく文章。 緒言：前書き。はし書き。
10	双璧	両雄：二人の偉大な人物。 双璧：優れていて優劣をつけにくい二つのもの。

読み 部首 熟語の構成 四字熟語 **対義語・類義語** 同音・同訓異字 誤字訂正 送りがな 書き取り

283

対義語・類義語③

次の1～5の**対義語**、6～10の**類義語**を [___] 内から選び、
漢字で記せ。 [___] 内の語は一度だけ使うこと。

□ 1		炎暑	[ ]
□ 2		過激	[ ]
□ 3	対義語	下落	[ ]
□ 4		獲得	[ ]
□ 5		不毛	[ ]
□ 6		学識	[ ]
□ 7		辛苦	[ ]
□ 8	類義語	中立	[ ]
□ 9		縁者	[ ]
□ 10		誠実	[ ]

おんけん
こっかん
しんし
しんせき
ぞうけい
そうしつ
とうき
なんぎ
ひよく
ふへん

標準解答　　　　解　説

読み

部首

熟語の構成

四字熟語

対義語・類義語

同音・同訓異字

誤字訂正

送りがな

書き取り

1〔 酷寒 〕
炎暑：真夏の焼けつくようなきびしい暑さ。
酷寒：ひどいさむさ。

2〔 穏健 〕
過激：度を越して、はげしい様子。
穏健：言動などが極端にならず、おだやかで健全な様子。

3〔 騰貴 〕
下落：物価や株価などが下がること。
騰貴：物価や相場が高くなること。

4〔 喪失 〕
獲得：努力して手に入れること。
喪失：うしなうこと。

5〔 肥沃 〕
不毛：土地がやせていて、作物や草木が育たないこと。
肥沃：土地がこえていて、作物がよく実ること。

6〔 造詣 〕
学識：学問と見識。
造詣：ある分野についての広く深い知識や理解。

7〔 難儀 〕
辛苦：つらく苦しいこと。
難儀：苦しくてたいへんなこと。

8〔 不偏 〕
中立：両者の間に立ち、どちら側にもかたよらないこと。
不偏：かたよりのないこと。

9〔 親戚 〕
縁者：血縁や婚姻によって、縁のつながっている人。
親戚：血縁や婚姻でつながっている人。

10〔 真摯 〕
誠実：まじめで偽りがなく、まごころがこもっていること。
真摯：まじめでひたむきなさま。

285

対義語・類義語④

次の1～5の**対義語**、6～10の**類義語**を[_____]内から選び、**漢字**で記せ。[_____]内の語は一度だけ使うこと。

		選択肢	
☐☐ 1	更生		[　　　]
☐☐ 2	枯渇		[　　　]
☐☐ 3	事実	きょうそう きょこう きんてい	[　　　]
☐☐ 4	無欲	げんめつ こうがい	[　　　]
☐☐ 5	悠長	しんらつ	[　　　]
☐☐ 6	失望	せいきゅう だらく	[　　　]
☐☐ 7	痛烈	どんよく ゆうしゅつ	[　　　]
☐☐ 8	献上		[　　　]
☐☐ 9	頑健		[　　　]
☐☐ 10	大要		[　　　]

対義語: 1～5
類義語: 6～10

標準解答 | 解 説

読み

部首

熟語の構成

四字熟語

対義語・類義語

同音・同訓異字

誤字訂正

送りがな

書き取り

1 [堕落]
更生：生活態度や心の持ち方が悪い状態から立ち直ること。
堕落：品行が悪くなること。

2 [湧出]
枯渇：水が干上がること。
湧出：水などが地中からわきでること。

3 [虚構]
事実：本当のこと。
虚構：事実でないことを事実のようにつくり上げること。

4 [貪欲]
無欲：欲がないこと。
貪欲：手に入れたい思いが非常に強いこと。

5 [性急]
悠長：落ち着いていて気が長い様子。
性急：落ち着きがないさま。

6 [幻滅]
失望：望みをなくすこと。
幻滅：現実を知ってがっかりすること。

7 [辛辣]
痛烈：非常に激しいこと。
辛辣：非常に手厳しいこと。

8 [謹呈]
献上：身分や地位が上の人に物を差しあげること。
謹呈：つつしんで差しあげること。

9 [強壮]
頑健：体型ががっしりとして丈夫なさま。
強壮：体がたくましく勢いのあるさま。

10 [梗概]
大要：だいたいの要点。
梗概：文章や事件のあらまし。

同音・同訓異字①

次の——線の**カタカナ**を**漢字**に直せ。

- □□ 1 扶養**コウジョ**の申請を行う。 [　]

- □□ 2 **コウジョ**良俗に反する行為だ。 [　]

- □□ 3 海上を**センパク**が航行する。 [　]

- □□ 4 **センパク**な知識を恥じて勉強に励む。 [　]

- □□ 5 **ロウ**せずして試合に勝つ。 [　]

- □□ 6 勝利のために策を**ロウ**した。 [　]

- □□ 7 父に友人を**ショウカイ**した。 [　]

- □□ 8 個人情報を**ショウカイ**する。 [　]

- □□ 9 **ハ**の鋭いナイフで果物を切る。 [　]

- □□ 10 うわさが人の口の**ハ**に上る。 [　]

標準解答　　　　解　説

1 [控除] 控除：先に、ある金額などをのぞくこと。

2 [公序] 公序：社会の人々が守るべききまり。

3 [船舶] 船舶：人や財貨を運ぶための大きなふね。

4 [浅薄] 浅薄：学問や見識などがうすっぺらであさはかなこと。

5 [労] 労する：心身を働かせてつかれる。

6 [弄] 弄する：もてあそぶ。

7 [紹介] 紹介：間に立って両者を引き合わせること。

8 [照会] 照会：事情や状況などを問い合わせること。

9 [刃] 刃：包丁やはさみなどの、物を切る鋭い部分。

10 [端] 端：へり。ふち。

読み
部首
熟語の構成
四字熟語
対義語・類義語
同音・同訓異字
誤字訂正
送りがな
書き取り

同音・同訓異字②

次の──線の**カタカナ**を**漢字**に直せ。

□□ 1 調査団を<u>ハケン</u>する。 [　　　]

□□ 2 両国の<u>ハケン</u>争いが激化する。 [　　　]

□□ 3 親の遺産について相続<u>ホウキ</u>する。 [　　　]

□□ 4 圧政に苦しむ民衆が武装<u>ホウキ</u>する。 [　　　]

□□ 5 物価の<u>ボウトウ</u>に苦しむ。 [　　　]

□□ 6 物語の<u>ボウトウ</u>から引き込まれる。 [　　　]

□□ 7 <u>コウリョウ</u>とした風景が広がる。 [　　　]

□□ 8 選挙に向け各党が<u>コウリョウ</u>を出す。 [　　　]

□□ 9 <u>マユ</u>一つ動かさずに話を聞く。 [　　　]

□□ 10 <u>マユ</u>をゆでて生糸を取り出す。 [　　　]

標準解答	解　説

1 〔 派遣 〕 派遣：命令して任務を与え、ある地へ差し向けること。

2 〔 覇権 〕 覇権：力でほかを従える者の有する権力。

3 〔 放棄 〕 放棄：打ち捨てて顧みないこと。

4 〔 蜂起 〕 蜂起：大勢が一斉に行動をおこすこと。

5 〔 暴騰 〕 暴騰：物価や相場が、急に大きく上がること。

6 〔 冒頭 〕 冒頭：文章や物事のはじめの部分。

7 〔 荒涼 〕 荒涼：あれはてて、ものさびしいこと。

8 〔 綱領 〕 綱領：政党などの主義・主張や基本方針の要約。

9 〔 眉 〕 眉：まゆ毛。

10 〔 繭 〕 繭：ガ（カイコ）の幼虫がさなぎになる際、休眠中の身を守るために糸を吐いて作る殻。

読み

部首

熟語の構成

四字熟語

対義語・類義語

同音・同訓異字

誤字訂正

送りがな

書き取り

誤字訂正①

次の各文にまちがって使われている**同じ読みの漢字**が**一字**ある。
誤字と、**正しい漢字**を答えよ。

誤　　正

□□ 1 欧州で開かれた国際会議で環境について話し合われ、各委員が署名した条約が参加国により批順された。　[　]→[　]

□□ 2 教授は数学者だが、音楽に対する造形も深く、趣味でバイオリンを演奏しているそうだ。　[　]→[　]

□□ 3 医療分野においても研究は全次進みつつあるが、一朝一夕に成果が出るものでもない。　[　]→[　]

□□ 4 皇太子ご成婚という国の慶事に祝福ムードが高まり、一時低迷状況に陥っていた株式市場も活況を提した。　[　]→[　]

□□ 5 消防庁は火災の人的被害を最小限に食い止めるため、各自治体で予防措置を効じるように呼びかけている。　[　]→[　]

□□ 6 前代未聞の不肖事に会社中が騒然としている中、代表取締役らが記者会見を行った。　[　]→[　]

□□ 7 斬新な作風と世間では評判になっているが、彼もまた自然主義の系符に連なる作家といえる。　[　]→[　]

標準解答
誤　正

解　説

読み

部首

熟語の構成

四字熟語

対義語・類義語

同音・同訓異字

誤字訂正

送りがな

書き取り

1 [順]→[准] 批准：条約に同意すること。

2 [形]→[詣] 造詣：学問や技芸などの分野で、ふかくすぐれている知識や理解。

3 [全]→[漸] 漸次：しだいに。

4 [提]→[呈] 呈する：あらわす。見せる。

5 [効]→[講] 講じる：考えて工夫する。

6 [肖]→[祥] 不祥事：よくない事件。まずいことがら。

7 [符]→[譜] 系譜：さまざまな関係により結ばれたつながり。

誤字訂正②

次の各文にまちがって使われている**同じ読み**の漢字が**一字**ある。
誤字と、**正しい漢字**を答えよ。

誤　　正

☐☐ 1　不測の事態にも対応できるよう、兵士は駐頓地で常に有事を想定した厳しい訓練を積んでいる。　〔　〕→〔　〕

☐☐ 2　警備員二人が数億円を載せた現金輸送車とともに失捜した事件は、いまだ解明されていない。　〔　〕→〔　〕

☐☐ 3　十数年前までは田園風景が広がっていたが、経済成長とともに摩天廊の林立する大都会へと変貌を遂げた。　〔　〕→〔　〕

☐☐ 4　中世からの伝統を受け継ぐ神社で、大勢の見物客を前に役払いの神事が営まれた。　〔　〕→〔　〕

☐☐ 5　一刻の悠予も許されないような緊急事態が発生し、対策本部は対応に苦慮している。　〔　〕→〔　〕

☐☐ 6　旅行会社に勧められて渡航前に、旅行中の事故や盗難などの損害を補奨する保険に加入した。　〔　〕→〔　〕

☐☐ 7　恣意的な課税など王権を濫用していた国王に発符を認めさせた大憲章は、立憲主義の礎石となった。　〔　〕→〔　〕

標準解答　　　　　　解　説
誤　正

1 [頓]→[屯]　駐屯：軍隊が一か所に陣地を構えてとどまること。

2 [捜]→[踪]　失踪：行方がわからなくなること。

3 [廊]→[楼]　摩天楼：天に届くほどの非常に高い建物。

4 [役]→[厄]　厄払い：神仏に祈願し、災いを遠ざけること。

5 [悠]→[猶]　猶予：ぐずぐずしてためらい、決断しないこと。

6 [奨]→[償]　補償：与えた損失などをつぐなうこと。

7 [符]→[布]　発布：新しい法律などを、世に広く知らせること。

誤字訂正③

次の各文にまちがって使われている**同じ読み**の漢字が**一字**ある。
誤字と、**正しい漢字**を答えよ。

誤　　正

□
□ 1　退職の意を伝えたところ、上司から
　　部署異動や昇格などを提案され遺留　[　]→[　]
　　されたが、断った。

□
□ 2　輸入に依存する日本では食糧供給の
　　混乱を乗り切ることが焦眉の求と　　[　]→[　]
　　なっている。

□
□ 3　販売不振が原因となって経営破担に
　　陥ったため、会社更生法の適用を申　[　]→[　]
　　請して再建計画を練ることにする。

□
□ 4　将来を職望される若きストライカー
　　が日本代表に招集されたことで、ベ　[　]→[　]
　　テラン選手も刺激を受けている。

□
□ 5　無断で商品を転売し、代金を着復し
　　ていたことが発覚した女性従業員が　[　]→[　]
　　懲戒解雇処分になった。

□
□ 6　加害者が犯行当時、心神抗弱であっ
　　た場合は刑を減軽することが刑法に　[　]→[　]
　　定められている。

□
□ 7　巡回していた警察官によって折盗の
　　瞬間を目撃され現行犯で逮捕された　[　]→[　]
　　となれば、言い逃れはできまい。

標準解答　　　　　　　解　説
誤　　正

1 ［遺］→［慰］　慰留（いりゅう）：なだめて思いとどまらせること。

2 ［求］→［急］　急（きゅう）：さし迫っている様子。
🖊「焦眉の急」は「状況が切迫していること」という意味。

3 ［担］→［綻］　破綻（はたん）：物事がだめになること。

4 ［職］→［嘱］　嘱望（しょくぼう）：期待されること。

5 ［復］→［服］　着服（ちゃくふく）：金品をこっそりぬすんで不当に自分のものとすること。
類 横領（おうりょう）

6 ［抗］→［耗］　耗弱（こうじゃく）：すり減って弱くなること。

7 ［折］→［窃］　窃盗（せっとう）：他人の金品をひそかにぬすむこと。

297

誤字訂正④

次の各文にまちがって使われている**同じ読みの漢字**が**一字**ある。
誤字と、**正しい漢字**を答えよ。

		誤		正

□ □ 1　室町時代には海族行為が横行していたため、貿易許可証を所持する船舶のみが取引を行うことができた。　〔　〕→〔　〕

□ □ 2　多くの乗客を乗せた旅客機が追落した現場では、救助隊による懸命の救出が昼夜を問わず続けられている。　〔　〕→〔　〕

□ □ 3　高齢者や子育て世帯などを対象に空き家を低練な賃料で貸し出したオーナーに、補助金を出す制度が施行された。　〔　〕→〔　〕

□ □ 4　傷害事件の容疑者が逃走を続け、警察が厳界態勢を敷く中、近隣住民は恐怖と不安に包まれている。　〔　〕→〔　〕

□ □ 5　ひよこの雌雄を看別する作業は、特別な訓練を受けて民間試験に合格した専門家が行う。　〔　〕→〔　〕

□ □ 6　日本の抽象絵画の先駆者として活躍した画家の軌跡をたどる回故展が、現代美術館で開催される。　〔　〕→〔　〕

□ □ 7　子どもたちが牛乳への理解を深めるための食育活動として、酪農農家と連携して索乳体験を行っている。　〔　〕→〔　〕

標準解答

誤　正

解　説

1 [族]→[賊]　海賊：海上でほかの船を襲い、金品などの財貨を奪う者。

2 [追]→[墜]　墜落：高い所からおちること。

3 [練]→[廉]　低廉：値段が安いこと。

4 [界]→[戒]　厳戒：きびしく警戒すること。

5 [看]→[鑑]　鑑別：よく調べて見分けること。

6 [故]→[顧]　回顧：過ぎ去ったことを思い返すこと。

7 [索]→[搾]　搾乳：ウシ・ヤギなどのちちをしぼること。

読み

部首

熟語の構成

四字熟語

対義語・類義語

同音・同訓異字

誤字訂正

送りがな

書き取り

299

誤字訂正⑤

次の各文にまちがって使われている**同じ読みの漢字**が**一字**ある。
誤字と、**正しい漢字**を答えよ。

		誤	正

☐ ☐ 1 島根県には、権力に翻弄された博命の美しい娘を悼んで建立された塚が、伝承と共に今も残っている。 〔　〕→〔　〕

☐ ☐ 2 極端な長時間労働を課す、十分な休暇を与えない、といった劣悪な労働環境を看化することはできない。 〔　〕→〔　〕

☐ ☐ 3 出題傾向の研究や模擬試験の徹底的な復習が功を掃し、第一志望の難関大学に合格することができた。 〔　〕→〔　〕

☐ ☐ 4 被疑者が黙秘を続けているため、事件の全様の解明にはさらなる捜査が必要だ。 〔　〕→〔　〕

☐ ☐ 5 市長は公約に掲げた福祉政策の財源を粘出するために、従来の予算編成の方式の再検討を行っている。 〔　〕→〔　〕

☐ ☐ 6 県内の窯元が多数出陳する恒例の陶窯展が開かれ、彫り出し物を探す陶芸愛好家でにぎわった。 〔　〕→〔　〕

☐ ☐ 7 現代社会で蓄積される複雑で膨大なデータを分析するためには、人工知能の活用が不加欠である。 〔　〕→〔　〕

標準解答
誤　正

解　説

読み

部首

熟語の構成

四字熟語

対義語・類義語

同音・同訓異字

誤字訂正

送りがな

書き取り

1 [博]→[薄]　薄命：ふしあわせなこと。不運。

2 [化]→[過]　看過：あやまちや不正などを大目にみて、見逃すこと。

3 [掃]→[奏]　奏する：なし遂げる。
✎「功を奏する」は、「成功する。良い結果が出る。」という意味。

4 [様]→[容]　全容：その物事の全体のありさま。

5 [粘]→[捻]　捻出：費用をやりくりして、無理に出すこと。

6 [彫]→[掘]　掘る：地面に穴をあけ、地中にあるものを取り出す。
✎「掘り出し物」は、「思いがけず手に入った珍しい物」という意味。

7 [加]→[可]　不可欠：欠くことのできないこと。

301

送りがな①

次の――線の**カタカナ**を**漢字一字**と**送りがな（ひらがな）**に直せ。
〈例〉問題に**コタエル**。〔 答える 〕

☐☐ 1 頼りがいのある先輩を**シタウ**。　〔　　　〕

☐☐ 2 睡眠不足は健康を**ソコナウ**。　〔　　　〕

☐☐ 3 参加者に発言を**ウナガス**。　〔　　　〕

☐☐ 4 人の流れが**トドコオル**。　〔　　　〕

☐☐ 5 心身を**キタエル**ことは大切だ。　〔　　　〕

☐☐ 6 家族と共に外国へ**オモムク**。　〔　　　〕

☐☐ 7 この川の流れは**ユルヤカダ**。　〔　　　〕

☐☐ 8 **アツカマシイ**お願いをする。　〔　　　〕

☐☐ 9 **イサギヨイ**態度で謝る。　〔　　　〕

☐☐ 10 試合は**スデニ**始まっていた。　〔　　　〕

標準解答 | 解説

1 [慕う] 慕う：強く心を引かれる。

2 [損なう] 損なう：状態を悪くする。
他の例 損ねる
よくあるＸ 損う

3 [促す] 促す：仕向ける。

4 [滞る] 滞る：物事が順調に進まず、つかえたりたまったりする。

5 [鍛える] 鍛える：修練を重ね、体や精神を強くする。

6 [赴く] 赴く：ある場所や状態に向かっていく。

7 [緩やかだ] 緩やかだ：ゆっくりしたさま。
他の例 緩い、緩む、緩める

8 [厚かましい] 厚かましい：遠慮や恥を知らない。

9 [潔い] 潔い：思い切りがよい。
よくあるＸ 潔よい

10 [既に] 既に：もはや。もう。

読み
部首
熟語の構成
四字熟語
対義語・類義語
同音・同訓異字
誤字訂正
送りがな
書き取り

送りがな②

次の——線の**カタカナ**を**漢字一字**と**送りがな**（**ひらがな**）に直せ。
〈例〉問題に**コタエル**。〔 答える 〕

☐☐ 1　松の幹を針金で**タメル**。　　　　　　〔　　　　〕

☐☐ 2　真面目に暮らすよう**サトス**。　　　　〔　　　　〕

☐☐ 3　赤ん坊を見て表情を**ヤワラゲル**。　　〔　　　　〕

☐☐ 4　暇に**アカシ**て食べ歩く。　　　　　　〔　　　　〕

☐☐ 5　**ナメラカナ**口調で自己紹介する。　　〔　　　　〕

☐☐ 6　**タクミナ**わなを張り巡らす。　　　　〔　　　　〕

☐☐ 7　口にするのも**ケガラワシイ**。　　　　〔　　　　〕

☐☐ 8　**ニクラシイ**ほど弁が立つ。　　　　　〔　　　　〕

☐☐ 9　**カロウジテ**時間内に解き終わる。　　〔　　　　〕

☐☐ 10　明日**モシクハ**明後日に伺います。　　〔　　　　〕

標準解答　　　　解　説

1 [矯める] 矯める：曲げたり、曲がりやゆがみを直したりしてよい形にする。

2 [諭す] 諭す：わかるように話して理解させる。

3 [和らげる] 和らげる：穏やかにする。
[他の例] 和らぐ、和む、和やか

4 [飽かし] 飽かす：たくさんあるものを惜しまず使う。
[他の例] 飽きる

5 [滑らかな] 滑らかだ：つっかえずに進むさま。
[他の例] 滑る

6 [巧みな] 巧みだ：手際よく上手に成し遂げるさま。

7 [汚らわしい] 汚らわしい：きたならしくて自分までよごれる気がする。
[他の例] 汚れる、汚す、汚い　など

8 [憎らしい] 憎らしい：気にくわず、腹立たしく感じる。
[他の例] 憎む、憎い、憎しみ

9 [辛うじて] 辛うじて：やっとのことで。
[よる×] 辛じて

10 [若しくは] 若しくは：あるいは。さもなければ。
[他の例] 若い

書き取り①

次の——線の**カタカナ**を**漢字**に直せ。

□□ 1 お客様からお土産を**チョウダイ**した。 [　　　]

□□ 2 **ショウチュウ**は蒸留酒の一種だ。 [　　　]

□□ 3 再開発で街が**ヘンボウ**を遂げる。 [　　　]

□□ 4 凶悪な事件が市民を**センリツ**させた。 [　　　]

□□ 5 **シュヨウ**が良性だと判明して安心した。 [　　　]

□□ 6 **ドタンバ**で逆転本塁打を放った。 [　　　]

□□ 7 国の**モトイ**を築いた人物の銅像がある。 [　　　]

□□ 8 友人宅に**イソウロウ**している。 [　　　]

□□ 9 背が高いので**ヒトキワ**目立っていた。 [　　　]

□□ 10 **キュウ**すれば通ず。 [　　　]

標準解答	解　説

1 〔 頂戴 〕

頂戴：目上の人からいただくこと。
ある✕ 頂載…載は「のせる」などの意味を表す別の漢字。戴とは左下部分の形が異なる。 〇戴

2 〔 焼酎 〕

焼酎：米・麦・芋などからつくる蒸留酒。
ある✕ 焼酌…酌は「酒をくむ。さかもりをする。」という意味を表す別の漢字。

3 〔 変貌 〕

変貌：姿や様子が今までとかわること。
ある✕ 貌に注意。つくりが「良」のような形の誤答が目立つ。 ✕狼 〇貌

4 〔 戦慄 〕

戦慄：恐れで震えること。
✎ 戦、慄いずれも「おそれおののく」という意味。

5 〔 腫瘍 〕

腫瘍：体の細胞の一部が、異常に増殖して大きくなるもの。

6 〔 土壇場 〕

土壇場：せっぱ詰まった状態。
✎ 壇（たん）は高校で学習する音読み。

7 〔 基 〕

基：土台。
ある✕ 元意…「もと＋い」として解答している誤りが多い。基は1字で「もとい」と読む。

8 〔 居候 〕

居候：他人の家にいて衣食の面倒をみてもらうこと。
類 食客

9 〔 一際 〕

一際：きわだって。

10 〔 窮 〕

窮すれば通ず：物事が行き詰まったときに、思わぬ名案が浮かんで活路が開けること。
✎ 「窮する」の窮は「行き詰まる」という意味。

読み
部首
熟語の構成
四字熟語
対義語・類義語
同音・同訓異字
誤字訂正
送りがな
書き取り

書き取り②

次の――線の**カタカナ**を**漢字**に直せ。

□□ 1 人は基本的人権を**キョウユウ**している。 [　　　]

□□ 2 **ダセイ**に身を任せて過ごす。 [　　　]

□□ 3 状況を考慮し**ザンテイ**的な措置をとる。 [　　　]

□□ 4 国宝級の宝物を見て、**シンビ**眼を養う。 [　　　]

□□ 5 死者を弔うために**トウロウ**流しを行う。 [　　　]

□□ 6 生まれた子に**ウブユ**を使わせる。 [　　　]

□□ 7 暖炉の近くにいると顔が**ホテ**ってくる。 [　　　]

□□ 8 祖父は骨とう品の**メキ**きである。 [　　　]

□□ 9 お元気の**ヨシ**、何よりです。 [　　　]

□□ 10 ひょうたんから**コマ**。 [　　　]

標準解答 / 解 説

1 [享有]
享有：権利や能力・才能など無形のものを、天からうけたものとして生まれながらに持っていること。

2 [惰性]
惰性：従来から続いてきた習慣やくせ。
✏「惰性」の惰は「それまでの習慣や状態が続くこと」という意味。

3 [暫定]
暫定：とりあえず決めておくこと。
✏「暫定」の暫は「仮に」という意味。部首は日（ひ）。

4 [審美]
審美眼：うつくしいものを見極める能力。
✏「審美」の審は「つまびらかにする」という意味。

5 [灯籠]
灯籠：戸外などに置き、中にあかりをともす器具。
✏籠（ろう）は高校で学習する音読み。語例 印籠

6 [産湯]
産湯：生まれた直後の子を、ゆに入れて洗うこと。
まちがえX 湯に注意。8画目を忘れないこと。

7 [火照]
火照る：体や顔などが熱くなる。
✏火（ほ）は高校で学習する訓読み。語例 火影

8 [目利]
目利き：美術品などのよしあしを見分けること。
まちがえX 目効き…「効く」は「ききめがある」という意味。

9 [由]
由：伝え聞いた事情。

10 [駒]
ひょうたんから駒：冗談で言ったことが、思いがけず実現すること。
まちがえX 形に注意。騎と混同しないこと。 駒

309

書き取り③

次の——線の**カタカナ**を**漢字**に直せ。

□□ 1 退社したいと伝えたら**ホンイ**を促された。 [ ]

□□ 2 二人は日本文学界の**ソウヘキ**だ。 [ ]

□□ 3 ガソリンは**キハツ**性が高いので危険だ。 [ ]

□□ 4 実家を**テイトウ**に入れる。 [ ]

□□ 5 恋愛小説の**キンジトウ**となる作品だ。 [ ]

□□ 6 衣料品の在庫が**フッテイ**している。 [ ]

□□ 7 **サゲス**むような目で見られる。 [ ]

□□ 8 **ムサボ**るように専門書を読みあさった。 [ ]

□□ 9 ごちそうを見て**ツバ**を飲みこんだ。 [ ]

□□ 10 二の句が**ツ**げない。 [ ]

標準解答 | 解 説

1 [翻意]
翻意：決心をひるがえすこと。
超×× 本意…「本意」は「本心。本来の意味。」などという意味の別語。

2 [双璧]
双璧：同じようにすぐれた、優劣の決めにくい二つの人や物。
超×× 双壁…壁は「かべ」の意味を表す別の漢字。

3 [揮発]
揮発：常温で液体が気体になること。
✎ 「揮発」の揮は「ちる。まきちらす。」という意味。

4 [抵当]
抵当：借金の代わりに差しだすもの。
✎ 「抵当」の抵は「相当する」という意味。部首は扌（てへん）。

5 [金字塔]
金字塔：後世に残るようなすぐれた業績。
✎ 「金字塔」は「金という字の形の塔（ピラミッドを指すといわれる)」のこと。

6 [払底]
払底：すっかりなくなること。
✎ 払は「はらいのける。なくなる。」という意味を持つ。

7 [蔑]
蔑む：相手を自分より下に見る。
超×× 11画目が抜けている誤答が見られる。書き忘れないこと。

8 [貪]
貪る：あることを飽きることなくし続ける。
超×× 形に注意。貧と混同した誤答が多い。上部分の形を確認しよう。

9 [唾]
唾：唾液腺からくちの中に分泌する粘液。
超×× 11画目の上に、不要な横画を書かないように。

10 [継]
二の句が継げない：あきれて次に言う言葉が出ないこと。

読み
部首
熟語の構成
四字熟語
対義語・類義語
同音・同訓異字
誤字訂正
送りがな
書き取り

書き取り④

次の——線の**カタカナ**を**漢字**に直せ。

☐☐ 1 辞書の略号を<u>ハンレイ</u>で確かめる。 [　　　]

☐☐ 2 幻想的で<u>ユウゲン</u>な風景だ。 [　　　]

☐☐ 3 彼女の美しさは<u>ヒツゼツ</u>に尽くし難い。 [　　　]

☐☐ 4 監督の<u>ユウタイ</u>を惜しむ。 [　　　]

☐☐ 5 <u>ハシゲタ</u>の架設工事を行う。 [　　　]

☐☐ 6 あまりの悔しさに<u>コブシ</u>を握り締めた。 [　　　]

☐☐ 7 特技のある人が<u>ウラヤ</u>ましい。 [　　　]

☐☐ 8 陰暦の三月は<u>ヤヨイ</u>ともいう。 [　　　]

☐☐ 9 医は<u>ジンジュツ</u>なり。 [　　　]

☐☐ 10 <u>アクセン</u>身に付かず。 [　　　]

標準解答

解説

1 [凡例]

凡例（はんれい）：書物のはじめに編集方針などを示したもの。
✏ 「凡例」の凡は「全て」という意味。

2 [幽玄]

幽玄（ゆうげん）：深い趣があり余情豊かなこと。
✏ 「幽玄」の玄は「深い。奥深い道理。」という意味。

3 [筆舌]

筆舌（ひつぜつ）：文章と話し言葉。

4 [勇退]

勇退（ゆうたい）：後進に道を譲るため、潔く自分から地位をしりぞくこと。
✏ 「勇退」の勇は「いさぎよい」という意味。

5 [橋桁]

橋桁（はしげた）：橋ぐいの上に渡して、橋板を支える材。
✏ 「橋桁」の桁は「横木をかけ渡したもの」という意味。

6 [拳]

拳（こぶし）：握り締めた手。
誤る✕ 拳や掌など、「手」という形を持つ別の漢字と混同した誤答が多い。

7 [羨]

羨（うらや）ましい：ほかを見て自分もそうありたいと願う。

8 [弥生]

弥生（やよい）：陰暦の三月。

9 [仁術]

仁術（じんじゅつ）：儒教の道徳である思いやりをほどこす方法や手段。

10 [悪銭]

悪銭（あくせん）身に付かず：苦労しないで得たお金は、すぐになくなってしまうということ。
誤る✕ 悪戦…「苦しい戦い」という意味の別語。

読み
部首
熟語の構成
四字熟語
対義語・類義語
同音・同訓異字
誤字訂正
送りがな
書き取り

次の――線の**カタカナ**を**漢字**に直せ。

□
□ 1 前もって**フクアン**を練っておく。 [   ]

□
□ 2 作品の著作権は当社に**キゾク**する。 [   ]

□
□ 3 **シャクドウ**色のたくましい腕だ。 [   ]

□
□ 4 体の**シン**まで冷えてきた。 [   ]

□
□ 5 申し込み用紙に**カイショ**で記入する。[   ]

□
□ 6 旅行で**カンコク**を訪れる。 [   ]

□
□ 7 物語や詩には**ヒユ**表現がよく使われる。 [   ]

□
□ 8 本を**マタガ**しして注意された。 [   ]

□
□ 9 寺から**ドキョウ**が聞こえる。 [   ]

□
□ 10 **カタヒジ**張る。 [   ]

標準解答　　　　　解　説

1 [腹案]
腹案：心の中で考えていて、まだ発表していない考え。
✎ 「腹案」の腹は「こころ」という意味。

2 [帰属]
帰属：財産や権利などが、特定の国・団体や人のものになること。

3 [赤銅]
赤銅：黄味がかった赤黒い色。
✎ 赤（しゃく）は高校で学習する音読み。

4 [芯]
芯：ものの中心。

5 [楷書]
楷書：漢字の書体の一つ。点や画を崩さない最も標準的な書き方。

6 [韓国]
韓国：「大韓民国」の略称。

7 [比喩〔喻〕]
比喩：たとえること。

8 [又貸]
又貸し：借りたものを、さらに他の人にかすこと。
類 転貸し

9 [読経]
読経：声を出しておきょうをよみ上げること。

10 [肩肘]
肩肘張る：気負っている様子。
超✕ 片肘…「片肘」は「片方のひじ」という意味の別語。

読み / 部首 / 熟語の構成 / 四字熟語 / 対義語・類義語 / 同音・同訓異字 / 誤字訂正 / 送りがな / 書き取り

315

(五) 対義語・類義語 (20)

10	9	8	7	6	5	4	3	2	1
造詣	午睡	傘下	采配	畏敬	湧出	緻密	刹那	凝固	曖昧

(六) 同音・同訓異字 (20)

10	9	8	7	6	5	4	3	2	1
鎌	釜	購買	勾配	押収	応酬	暗礁	暗証	蜂起	放棄

(七) 誤字訂正 (10)

	5	4	3	2	1
誤	命	担	用	奇	応
正	冥	綻	要	危	旺

(八) 漢字と送りがな (10)

5	4	3	2	1
著しい	損ねる	瞬か	醜い	挟まる

(九) 書き取り (50)

15	14	13	12	11	10	9	8	7	6	5	4	3	2	1
諭	紡	萎	恣意	郷愁	厳粛	払底	洞察	赤銅	挨拶	衷心	歌舞伎	殉死	潰瘍	炎症

25	24	23	22	21	20	19	18	17	16
水泡	駄賃	駒	砂嵐	渋	俺	臼	蹴飛	汁粉	添

●本書に関するアンケート●

今後の出版事業に役立てたいと思いますので、アンケートに
ご協力ください。抽選で粗品をお送りします。

下記 URL、または二次元コードから回答画面に進み、画面
の指示に従ってお答えください。

https://www.kanken.or.jp/kanken/textbook/quickstudy.html

これでなっとく！
漢検　2級　クイックスタディ

2023年12月10日　第1版第1刷　発行

編　者　公益財団法人　日本漢字能力検定協会
発行者　山崎　信夫
印刷所　三省堂印刷株式会社
製本所　株式会社渋谷文泉閣

発行所　公益財団法人　日本漢字能力検定協会
　　　　〒605-0074　京都市東山区祇園町南側551番地
　　　　☎(075)757-8600
　　　　ホームページ　https://www.kanken.or.jp/
　　　　©The Japan Kanji Aptitude Testing Foundation 2023
　　　　Printed in Japan
　　　　ISBN 978-4-89096-498-7　C0081

乱丁・落丁本はお取り替えいたします。
「漢検」、「漢検」ロゴは登録商標です。

付録の赤シートを使って確認しましょう!

2級 漢字表

漢字	読み	画数	部首	部首名
挨	音アイ／訓—	10	扌	てへん
曖 (ア)	音アイ／訓—	17	日	ひへん
宛	音—／訓あ(てる)	8	宀	うかんむり
嵐	音—／訓あらし	12	山	やま
畏	音イ／訓おそ(れる)	9	田	た
萎 (イ)	音イ／訓な(える)	11	艹	くさかんむり

漢字	読み	画数	部首	部首名
椅	音イ／訓—	12	木	きへん
彙	音イ／訓—	13	彑	けいがしら
咽	音イン／訓—	9	口	くちへん
〔淫〕淫	音イン／訓みだ(ら) 高	11	氵	さんずい
唄 (ウ)	音—／訓うた	10	口	くちへん

漢字	読み	画数	部首	部首名
鬱	音ウツ／訓—	29	鬯	ちょう
怨 (エ)	音エン 高・オン／訓—	9	心	こころ
艶	音エン 高／訓つや	19	色	いろ
旺	音オウ／訓—	8	日	ひへん
臆 (オ)	音オク／訓—	17	月	にくづき
俺	音—／訓おれ	10	亻	にんべん

--- 漢字表の見方 ---

● 「漢検」2級配当漢字を、五十音順に並べています。
● 一部の漢字については、例外として「漢検」で正答と認められる字体を〔 〕に入れて示しています。
● 音読みはカタカナ、訓読みはひらがなで記載しています。高は高校で習う読み(準2級以上で出題対象)です。
● 画数は総画数を示しています。
● 部首は「漢検」で採用している部首・部首名です。

2級漢字表 / まとめテスト / まとめテスト 標準解答

カ

漢字	音	訓	画数	部首	部首名
蓋	ガイ	ふた	13	艹	くさかんむり
崖	ガイ	がけ	11	山	やま
諧	カイ	—	16	言	ごんべん
潰	カイ	つぶ(す)・つぶ(れる)	15	氵	さんずい
楷	カイ	—	13	木	きへん
瓦	ガ高	かわら	5	瓦	かわら
〔牙〕牙	ガ高・ゲ	きば	4	牙	きば
苛	カ	—	8	艹	くさかんむり

漢字	音	訓	画数	部首	部首名
玩	ガン	—	8	王	おうへん・たまへん
韓	カン	—	18	韋	なめしがわ
鎌	—	かま	18	釒	かねへん
釜	—	かま	10	金	かね
〔葛〕葛	カツ高	くず	12	艹	くさかんむり
顎	ガク	あご	18	頁	おおがい
柿	—	かき	9	木	きへん
骸	ガイ	—	16	骨	ほねへん

キ

漢字	音	訓	画数	部首	部首名
巾	キン	—	3	巾	はば
〔嗅〕嗅	キュウ	か(ぐ)	13	口	くちへん
臼	キュウ	うす	6	臼	うす
畿	キ	—	15	田	た
毀	キ	—	13	殳	るまた・ほこづくり
亀	キ	かめ	11	亀	かめ
伎	キ	—	6	亻	にんべん

ケ / ク / キつづき

項目	憬	詣	窟	串	〔惧〕惧	錦	〔僅〕僅
読み	音 ケイ／訓 —	音 ケイ高／訓 もう(でる)	音 クツ／訓 —	音 —／訓 くし	音 グ／訓 —	音 キン／訓 にしき	音 キン／訓 わず(か)
画数	15	13	13	7	11	16	13
部首	忄	言	穴	｜	忄	金	イ
部首名	りっしんべん	ごんべん	あなかんむり	たてぼう ぼう	りっしんべん	かねへん	にんべん

コ

項目	虎	股	舷	鍵	拳	桁	隙	〔稽〕稽
読み	音 コ／訓 とら	音 コ／訓 また	音 ゲン／訓 —	音 ケン／訓 かぎ	音 ケン／訓 こぶし	音 —／訓 けた	音 ゲキ高／訓 すき	音 ケイ／訓 —
画数	8	8	11	17	10	10	13	15
部首	虍	月	舟	金	手	木	阝	禾
部首名	とらがしら とらかんむり	にくづき	ふねへん	かねへん	て	きへん	こざとへん	のぎへん

項目	痕	頃	駒	傲	乞	喉	梗	勾	錮
読み	音 コン／訓 あと	音 —／訓 ころ	音 —／訓 こま	音 ゴウ／訓 —	音 —／訓 こ(う)	音 コウ／訓 のど	音 コウ／訓 —	音 コウ／訓 —	音 コ／訓 —
画数	11	11	15	13	3	12	11	4	16
部首	疒	頁	馬	イ	乙	口	木	勹	金
部首名	やまいだれ	おおがい	うまへん	にんべん	おつ	くちへん	きへん	つつみがまえ	かねへん

サ／シ

読み・情報	恣	斬	拶	刹	柵	塞	采	挫	沙	漢字
音	シ	ザン	サツ	サツ高・セツ	サク	サイ・ソク	サイ	ザ	サ	読み
訓	—	き(る)	—	—	—	ふさ(ぐ)・ふさ(がる)	—	—	—	
画数	10	11	9	8	9	13	8	10	7	画数
部首	心	斤	扌	刂	木	土	釆	扌	氵	部首
部首名	こころ	おのづくり	てへん	りっとう	きへん	つち	のごめ	てへん	さんずい	部首名

読み・情報	羞	袖	呪	腫	嫉	叱	〔餌〕餌	摯	漢字
音	シュウ	シュウ高	ジュ	シュ	シツ	シツ	ジ高	シ	読み
訓	—	そで	のろ(う)	は(れる)・は(らす)	—	しか(る)	えさ・え	—	
画数	11	10	8	13	13	5	15	15	画数
部首	羊	衤	口	月	女	口	飠	手	部首
部首名	ひつじ	ころもへん	くちへん	にくづき	おんなへん	くちへん	しょくへん	て	部首名

セ／ス

読み・情報	凄	裾	須	腎	芯	尻	拭	憧	蹴	漢字
音	セイ	—	ス	ジン	シン	—	ショク高	ショウ	シュウ	読み
訓	—	すそ	—	—	—	しり	ふ(く)・ぬぐ(う)	あこが(れる)	け(る)	
画数	10	13	12	13	7	5	9	15	19	画数
部首	冫	衤	頁	肉	艹	尸	扌	忄	⻊	部首
部首名	にすい	ころもへん	おおがい	にく	くさかんむり	かばね／しかばね	てへん	りっしんべん	あしへん	部首名

〔詮〕詮	腺	羨	〔煎〕煎	戚	脊	醒	漢字
音 セン / 訓 —	音 セン / 訓 —	音 セン高 / 訓 うらや(む)・うらや(ましい)	音 セン / 訓 い(る)	音 セキ / 訓 —	音 セキ / 訓 —	音 セイ / 訓 —	読み
13	13	13	13	11	10	16	画数
言	月	羊	灬	戈	肉	酉	部首
ごんべん	にくづき	ひつじ	れんが／れっか	ほこづくり／ほこがまえ	にく	とりへん	部首名

そ

痩	爽	曽	〔遡〕遡	狙	膳	〔箋〕箋	漢字
音 ソウ高 / 訓 や(せる)	音 ソウ / 訓 さわ(やか)	音 ソウ・ゾ / 訓 —	音 ソ高 / 訓 さかのぼ(る)	音 ソ / 訓 ねら(う)	音 ゼン / 訓 —	音 セン / 訓 —	読み
12	11	11	14	8	16	14	画数
疒	大	曰	辶	犭	月	⺮	部首
やまいだれ	だい	ひらび／いわく	しんにょう／しんにゅう	けものへん	にくづき	たけかんむり	部首名

た

誰	戴	堆	唾	汰	〔遜〕遜	捉	踪	漢字
音 — / 訓 だれ	音 タイ / 訓 —	音 タイ / 訓 —	音 ダ / 訓 つば	音 タ / 訓 —	音 ソン / 訓 —	音 ソク / 訓 とら(える)	音 ソウ / 訓 —	読み
15	17	11	11	7	14	10	15	画数
言	戈	土	口	氵	辶	扌	足	部首
ごんべん	ほこづくり／ほこがまえ	つちへん	くちへん	さんずい	しんにょう／しんにゅう	てへん	あしへん	部首名

タ つづき　**チ**

漢字	読み	画数	部首	部首名
旦	音 タン・ダン　訓 —	5	日	ひ
綻	音 タン　訓 ほころ(びる)	14	糸	いとへん
緻	音 チ　訓 —	16	糸	いとへん
酎	音 チュウ　訓 —	10	酉	とりへん
貼	音 チョウ　訓 は(る)	12	貝	かいへん
〔嘲〕嘲	音 チョウ　訓 あざけ(る)	15	口	くちへん
〔捗〕捗	音 チョク　訓 —	10	扌	てへん

ト　**テ**　**ツ**

漢字	読み	画数	部首	部首名
妬	音 ト　訓 ねた(む)	8	女	おんなへん
〔填〕塡	音 テン　訓 —	13	扌	つちへん
〔溺〕溺	音 デキ　訓 おぼ(れる)	13	氵	さんずい
諦	音 テイ　訓 あきら(める)	16	言	ごんべん
鶴	音 —　訓 つる	21	鳥	とり
爪	音 —　訓 つめ・つま	4	爪	つめ
椎	音 ツイ　訓 —	12	木	きへん

ナ

漢字	読み	画数	部首	部首名
那	音 ナ　訓 —	7	阝	おおざと
丼	音 —　訓 どんぶり・どん	5	丶	てん
貪	音 ドン　訓 むさぼ(る)	11	貝	かい・こがい
頓	音 トン　訓 —	13	頁	おおがい
瞳	音 ドウ　訓 ひとみ	17	目	めへん
藤	音 トウ　訓 ふじ	18	艹	くさかんむり
〔賭〕賭	音 ト高　訓 か(ける)	16	貝	かいへん

ナ（つづき）／ニ／ネ／ハ

	〔剥〕剥（ハ）	罵	捻（ネ）	虹	匂（ニ）	鍋	〔謎〕謎（ナつづき）
漢字	〔剥〕剥	罵	捻	虹	匂	鍋	〔謎〕謎
読み	音 ハク／訓 は(がす)・は(ぐ)・は(がれる)・は(げる)	音 バ／訓 ののし(る)	音 ネン／訓 ―	音 ―／訓 にじ	音 ―／訓 にお(う)	音 ―／訓 なべ	音 ―／訓 なぞ
画数	10	15	11	9	4	17	17
部首	刂	罒	扌	虫	勹	金	言
部首名	りっとう	あみがしら・あみめ・よこめ	てへん	むしへん	つつみがまえ	かねへん	ごんべん

フ／ヒ

	訃（フ）	肘	膝	眉	斑（ヒ）	汎	氾	〔箸〕箸
漢字	訃	肘	膝	眉	斑	汎	氾	〔箸〕箸
読み	音 フ／訓 ―	音 ―／訓 ひじ	音 ―／訓 ひざ	音 ビ高・ミ／訓 まゆ	音 ハン／訓 ―	音 ハン／訓 ―	音 ハン／訓 ―	音 ―／訓 はし
画数	9	7	15	9	12	6	5	15
部首	言	月	月	目	文	氵	氵	竹
部首名	ごんべん	にくづき	にくづき	め	ぶん	さんずい	さんずい	たけかんむり

ホ／ヘ

	貌	蜂	哺（ホ）	蔑	璧	〔餅〕餅（ヘ）	〔蔽〕蔽
漢字	貌	蜂	哺	蔑	璧	〔餅〕餅	〔蔽〕蔽
読み	音 ボウ／訓 ―	音 ホウ／訓 はち	音 ホ／訓 ―	音 ベツ／訓 さげす(む)	音 ヘキ／訓 ―	音 ヘイ／訓 もち	音 ヘイ／訓 ―
画数	14	13	10	14	18	15	15
部首	豸	虫	口	艹	玉	飠	艹
部首名	むじなへん	むしへん	くちへん	くさかんむり	たま	しょくへん	くさかんむり

〔ホ つづき〕〜マ・ミ・メ

漢字	麺	冥	蜜	枕	昧	勃	睦	〔頰〕頰
読み	音 メン	音 メイ・ミョウ 高	音 ミツ	訓 まくら	音 マイ	音 ボツ	音 ボク	訓 ほお
画数	16	10	14	8	9	9	13	16
部首	麦	冖	虫	木	日	力	目	頁
部首名	ばくにょう	わかんむり	むし	きへん	ひへん	ちから	めへん	おおがい

ヤ・ユ・ヨ

漢字	沃	瘍	妖	湧	〔喩〕喩	闇	弥	冶
読み	音 ヨク	音 ヨウ	音 ヨウ　訓 あや(しい)	音 ユウ　訓 わ(く)	音 ユ	訓 やみ	訓 や	音 ヤ
画数	7	14	7	12	12	17	8	7
部首	氵	疒	女	氵	口	門	弓	冫
部首名	さんずい	やまいだれ	おんなへん	さんずい	くちへん	もんがまえ	ゆみへん	にすい

ラ・リ・ル・ロ

漢字	呂	瑠	瞭	侶	慄	璃	藍	辣	拉
読み	音 ロ	音 ル	音 リョウ	音 リョ	音 リツ	音 リ	音 ラン 高　訓 あい	音 ラツ	音 ラ
画数	7	14	17	9	13	14	18	14	8
部首	口	王	目	亻	忄	王	艹	辛	扌
部首名	くち	おうへん たまへん	めへん	にんべん	りっしんべん	おうへん たまへん	くさかんむり	からい	てへん

漢字	読み	画数	部首	部首名
脇	**訓** わき / **音** —	10	月	にくづき
麓	**訓** ふもと / **音** ロク	19	木	き
籠	**訓** かご・こ(もる) / **音** ロウ 高	22	⺮	たけかんむり
弄	**訓** もてあそ(ぶ) / **音** ロウ	7	廾	こまぬき にじゅうあし
賂	**訓** — / **音** ロ	13	貝	かいへん

購入者スペシャル特典！
付属デジタルコンテンツのご案内

スペシャルウェブサイトでは、学習をサポートするコンテンツをご利用いただけます。

〈特典例〉

・おすすめの便利な本書の使い方を動画で紹介

・本書未収録の「まとめテスト」1回分のダウンロード

・直前チェック！間違いやすい語句・漢字コラム

など

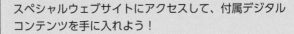

スペシャルウェブサイトにアクセスして、付属デジタルコンテンツを手に入れよう！

▼スペシャルウェブサイトはこちら
https://www.kanken.or.jp/kanken/
bonus_contents/quickstudy.html

※コンテンツの内容、名称などは変わることがあります。

まとめテスト

(一) 次の――線の**漢字の読み**をひらがなで記せ。

(30)
1×30

/200

1 魚類や鳥類は脊椎動物だ。（　）

2 俳句の師として私淑する。（　）

3 講義には興味深い挿話もあった。（　）

4 彼は立志伝中の傑物といえる。（　）

5 各派閥の領袖が結集する。（　）

6 製靴工場に勤めている。（　）

7 公金を拐帯した犯人が捕まった。（　）

8 巾着袋に着替えを入れた。（　）

9 巨大な門扉を取り付ける。（　）

10 咽頭に痛みを感じて病院に行く。（　）

11 種苗を専門に扱う店だ。（　）

12 余剰金の使途を詮議する。（　）

13 家業の酒屋は曽祖父が始めた。（　）

14 乾麺のうどんをゆでた。（　）

15 おそろいの法被を着る。（　）

16 部長の意向に迎合する。（　）

17 碁盤の目のような町並みだ。（　）

18 群青色の美しい空を見上げる。（　）

19 沖天の勢いで攻め立てる。（　）

20 事故が発生する蓋然性が高い。

21 山の裾野に花畑が広がる。

22 学校の先輩に教えを乞う。

23 誰が委員に適任かを考える。

24 手紙の宛先を確かめる。

25 栄えある一位を勝ち取る。

26 丼鉢をテーブルに並べる。

27 雨上がりに虹が出た。

28 混雑を避けて脇道に入った。

29 いたずらをした生徒を叱る。

30 祭りで山車を引き回す。

〔　〕〔　〕〔　〕〔　〕〔　〕〔　〕〔　〕〔　〕〔　〕〔　〕〔　〕

(二) 次の漢字の**部首**を記せ。

〈例〉 菜 ［艹］ 間 ［門］

1 艶 〔　〕

2 串 〔　〕

3 帥 〔　〕

4 衰 〔　〕

5 昆 〔　〕

6 須 〔　〕

7 罵 〔　〕

8 嗅 〔　〕

9 鶏 〔　〕

10 閥 〔　〕

(10)
1×10

（三）**熟語の構成**のしかたには次のようなものが
ある。

(20)
2×10

ア　同じような意味の漢字を重ねたもの

（岩石）

イ　反対または対応の意味を表す字を重ねたもの

（高低）

ウ　上の字が下の字を修飾しているもの

（洋画）

エ　下の字が上の字の目的語・補語になっているもの

（着席）

オ　上の字が下の字の意味を打ち消しているもの

（非常）

次の熟語は上の**ア～オ**のどれにあたるか、**一**つ選び、
記号で答えよ。

1　緩急　（　）

2　不遜　（　）

3　無恥　（　）

4　懸命　（　）

5　玩具　（　）

6　毀誉　（　）

7　隠蔽　（　）

8　砕身　（　）

9　山麓　（　）

10　空隙　（　）

（四）次の**四字熟語**について、問1と問2に答えよ。

問1 次の**四字熟語**の（1〜10）に入る適切な語を後の◻の中から選び、**漢字二字**で記せ。

(30)

(20)
2×10

ア 竜頭（1）

イ 錦衣（2）

ウ 苛政（3）

エ 氾愛（4）

オ 盲亀（5）

カ （6）絶壁

キ （7）秀麗

ク （8）瓦鶏

ケ （9）以徳

コ （10）千里

問2 次の11〜15の**意味**にあてはまるものを問1のア〜コの**四字熟語**から**一つ**選び、**記号**で答えよ。

(10)
2×5

ぎょくしょく・けんり・だび・だんがい
とうけん・びもく・ふぼく・ほうえん
もうこ・よくや

11 初めは勢いがよいが、終わりは振るわないこと。

12 格好ばかりで役に立たないもののたとえ。

13 極めてまれなことのたとえ。

14 切り立った険しいがけ。

15 うらみに対して仁愛の心でこたえること。

(五)

次の1〜5の対義語、6〜10の類義語を後の□の中から選び、漢字で記せ。□の中の語は一度だけ使うこと。

(20)
2×10

対義語

1 明瞭　（　　）
2 融解　（　　）
3 永遠　（　　）
4 粗雑　（　　）
5 枯渇　（　　）

類義語

6 崇拝　（　　）
7 指揮　（　　）
8 翼下　（　　）
9 昼寝　（　　）
10 学識　（　　）

あいまい・いけい・ぎょうこ・ごすい・さいはい
さんか・せつな・ぞうけい・ちみつ・ゆうしゅつ

(六)

次の――線のカタカナを漢字に直せ。

(20)
2×10

1 遺産の相続権を**ホウキ**する。
2 反乱軍の**ホウキ**を鎮圧する。
3 鍵の**アンショウ**番号を確認した。
4 船が**アンショウ**に乗り上げた。
5 会議は野次の**オウシュウ**になった。
6 **オウシュウ**した品物を返却する。
7 **コウバイ**の急な坂道を下る。
8 **コウバイ**部で学用品をそろえる。

（　）（　）（　）（　）（　）（　）（　）（　）

9 **カ**マで湯を沸かす。

〔　〕〔　〕

10 **カ**マをかける。

〔10〕

（七）次の各文にまちがって使われている同じ読みの漢字が一字ある。上に誤字を、下に正しい漢字を記せ。 (10)
2×5

1 講義が終わった途端、教授は好奇心応盛な学生から矢継ぎ早に質問を浴びせられた。

誤〔　〕 正〔　〕

2 厄年を無事に過ごせるか奇惧して、有名な神社に無病息災を祈願しに出かけた。

誤〔　〕 正〔　〕

3 海と丘陵に囲まれたこの城は天然の用塞として名高く、長く難攻不落を誇った。

誤〔　〕 正〔　〕

4 老舗の楽器メーカーが経営破坦を乗り越え、音響機器の開発製造を再開した。

誤〔　〕 正〔　〕

5 交通事故の犠牲者を悼む慰霊式が催され、遺族や関係者が故人の命福を祈った。

誤〔　〕 正〔　〕

(八)

次の ——線の **カタカナ** を漢字一字と送りが
な（**ひらがな**）に直せ。

〈例〉 問題に **コタエル**。〔答える〕

1 ドアにコートのすそが **ハサマル**。（　）

2 **ミニクイ** 争いは願い下げだ。（　）

3 目を何度か **マタタカ** せた。（　）

4 部長の機嫌を **ソコネル**。（　）

5 子どもの成長は **イチジルシイ**。（　）

(10)
2×5

(九)

次の ——線の **カタカナ** を漢字に直せ。

1 薬で胃の **エンショウ** を抑える。（　）

2 消化器に **カイヨウ** ができる。（　）

3 亡き主君を追って **ジュンシ** する。（　）

4 **カブキ** は無形文化遺産だ。（　）

5 **チュウシン** より感謝致します。（　）

6 隣人と **アイサツ** を交わす。（　）

7 背中が **シャクドウ** 色に日焼けした。（　）

8 物事の本質を **ドウサツ** する力を養
う。（　）

(50)
2×25

9 優秀な人材が**フッテイ**している。（　）

10 事実を**ゲンシュク**に受け止める。（　）

11 汽笛が**キョウシュウ**を誘った。（　）

12 統計データを**シイ**的に解釈する。（　）

13 不運が続いて気力が**ナ**える。（　）

14 綿を**ツム**いで糸にする。（　）

15 後輩を**サト**す。（　）

16 赤ん坊が眠るまで**ソ**い寝した。（　）

17 小豆を煮て**シルコ**を作った。（　）

18 ボールを思いきり**ケト**ばした。（　）

19 重たい**ウス**で小麦をひく。（　）

20 彼は**オレ**の友人だ。（　）

21 **シブ**い色の着物をあつらえた。（　）

22 乾季の**スナアラシ**は激しい。（　）

23 ひょうたんから**コマ**。（　）

24 行き掛けの**ダチン**。（　）

25 **スイホウ**に帰す。（　）

―― おわり ――

まとめテスト　標準解答

(一) 読み (30)

1	2	3	4	5	6	7	8	9	10	11	12	13	14
せきつい	ししゅく	そうわ	そうわ	けつぶつ	りょうしゅう	せいか	かいたい	きんちゃく	もんぴ	いんとう	しゅびょう	せんぎ	そうそふ	かんめん

15	16	17	18	19	20	21	22	23	24	25	26	27	28	29
はっぴ	げいごう	ごばん	ぐんじょう	ちゅうてん	がいぜん	すその	こ	だれ	あてさき	は	どんぶりばち	にじ	わきみち	しか

30
だし

(二) 部首 (10)

1	2	3	4	5	6	7	8	9	10
色	丨	巾	衣	日	頁	罒	口	鳥	門

(三) 熟語の構成 (20)

1	2	3	4	5	6	7	8	9	10
イ	オ	オ	エ	ウ	イ	ア	エ	ウ	ア

(四) 四字熟語 (30)

問1　書き取り

1	2	3	4	5	6	7	8	9	10
蛇尾	玉食	猛虎	兼利	浮木	断崖	眉目	陶犬	報怨	沃野

問2　意味

11	12	13	14	15
ア	ク	オ	カ	ケ